37歳独身、年収300万円 知っておきたいお金のこと

37 years old, single,
annual income of 3 million yen.
What you need
to know about money.

横山光昭
Mitsuaki Yokoyama

毎日新聞出版

プロローグ
家計再生コンサルタントに集まる家計相談

第1章
老後のお金に困らないための3年計画

第2章

37歳、お金の不安のない強い家計作りの第一歩は、支出の現状把握から

家計改革1年目

第3章 家計改革2年目
38歳、貯金を増やす方法を知り、貯められる体質に

第4章

39歳、投資でお金に働いてもらう家計に

家計改革3年目

第5章 40歳、変化する生活を「お金」の面からチェックする

第6章 65歳、あなたの将来はどうなっている？

ブックデザイン　金澤浩二
カバーイラスト　二村大輔
組版　明昌堂
校閲　ゼロメガ

プロローグ

家計再生
コンサルタント
に集まる
家計相談

こんにちは。

「37歳独身、年収300万円　知っておきたいお金のこと」を手に取ってくださって、ありがとうございます。

家計再生コンサルタントの横山光昭です。

私は家計再生のプロとして、これまで2万3000人以上の家計相談を受けてきました。

家計の悩みは本当に人それぞれです。

貯金はたっぷりあるのに将来への尽きない不安を語る人、毎月支出を抑えようと努力しているのに赤字家計に悩む人、思ったようにお金が貯まらず困り顔の人、浪費をパートナーに咎められて渋々相談の場にやってきた人、年末年始や夏休みなど、ポンッとできた空いた時間にふと家計のことが気になり始めた人……。

私は1つ1つの悩みに向き合ってきた経験を活かして、これまでお金の貯め方を扱った『年収200万円からの貯金生活宣言』（ディスカヴァー・トゥエンティワン）やお金の増やし方をテーマにした『はじめての人のための3000円投資生活』（アスコム）といった本を書いてきました。

今回、取り上げるのは30代半ばから40代にかけての働く人たちのお金の話です。
さて、あなたは貯金をしていますか？
今、いくらくらい貯まっていますか？
同じ職場で働く同世代はどうでしょう？

ちなみに、金融広報中央委員会がまとめた2019年の『家計の金融行動に関する世論調査』によると、平均貯蓄額は……。

・2人以上世帯で1139万円
・単身者世帯で645万円

中央値（貯蓄額が少ない順に並べていき、ちょうど真ん中にあたる世帯の貯蓄額）は……。

・2人以上世帯で419万円
・単身者世帯で45万円

さらに、何らかの金融資産を保有している世帯のみでまとめた結果は……。

・2人以上世帯で1537万円
・単身者世帯で1059万円

その中央値は……。

・2人以上世帯で800万円
・単身者世帯で300万円

30代、40代という世代を区切った調査ではありませんが、あなたの受けた印象はどうですか。世間の人は意外と持っている？　それとも、うちの家計の方が余裕あるな、でしょうか？

はっきり言えるのは、統計はあくまで統計だということです。
知識としては役立ちますが、家計には個々事情があって「貯金のある家計の中央値は単身者世帯で300万円。だから、最低でも300万円貯めておくべき」というアドバイスにはなりません。

平均貯蓄額

2人世帯以上	1139万円
単身者世帯	645万円

中央値

2人世帯以上	419万円
単身者世帯	45万円

平均貯蓄額

（金融資産を保有している世帯のみ）

2人世帯以上	1537万円
単身者世帯	1059万円

中央値

2人世帯以上	800万円
単身者世帯	300万円

社会に出て基盤を築く20代、そろそろ社会人としての終盤戦を考え始める50代と比べて、30代半ばから40代にかけての生き方は本当に人それぞれ。当然、お金との付き合い方もバラバラです。

思ったほど貯金は増えないけど、まあ、こんなもの？

一方で、30代も半ばになると多くの働く人は生活のペースとベースが整ってきます。

一人暮らしの人は自分のペースで日々を過ごし、実家暮らしの人は親との関係も落ち着いて、パートナーや子どもと一緒に暮らす人はお互いのリズムをうまく合わせながら日常を楽しんでいるのではないでしょうか。

しかし、仕事では、重い責任を背負ったり、若手を指導する立場にもなったり、何かと忙しさが増していく時期でもあります。

働いて、毎日を楽しんで、気づいたら「あれ？　この間、お正月だったのに？」という感じで1年がすぎていく……。そんな気ぜわしい日々の中で、改めてお金のことを考える時間を取るのは難しいことです。

また、仕事をしていれば暮らしを支える収入が途絶えることはなく、「節約、節約」と切り詰めなくても家計はそれなりに回っていきます。

計画的に貯金をし、家計簿をつけ、3ヶ月に1回は支出の全体像を再確認している……なんて家計管理の優等生は少数派。

「思ったほど貯金は増えないけど、まあ、こんなものでしょう」と。

公私に忙しい30代半ばの人にとって、将来のお金のことを深く掘り下げて考える機会はなかなか訪れません。

しかし、この本に興味を持ち、手に取ったあなたには「このままでいいのかな?」といった漠然とした不安や「お金のことを考えてみようかな」という思いがあるのではないでしょうか。

これから、私が家計相談に乗ってきた数多の家計の中から、30代半ばから40代に向かうあなたに読んでもらいたい3つの事例を紹介します。目を通しながら、どんな感想を抱いたか、心のメモに残してみてください。

CASE1 平均以上の年収があるのに、気づいたらお金が足りない？

相談者のKさんは50代の共働きのご夫婦です。大学受験を控えた長男をはじめ3人の子育て中ですが、世帯月収は約70万円あり、余裕のある暮らしぶりです。ただし、相談に来られる3ヶ月前、健康診断で夫の体にガンが見つかりました。早期発見だったので手術をすれば命にかかわることはないという診断でしたが、入院、退院後のリハビリを含めると休職期間が生じます。

そこで、今後の家計に不安を感じたKさんが家計相談を依頼されたのです。話を聞いてみると、Kさんのご家庭では進学塾、ピアノ、ダンスなど、教育費を存分にかけ、食材にこだわった食事を用意するなど、お子さんに愛情を注いでいました。その結果として、月収70万円ながら支出が収入を超える月もあり、貯金がほとんどできていなかったのです。
過去最高の貯金額は20万円で、相談時点での貯金は10万円。大学受験を控える長男が合格すると入学金が発生します。しかし、世帯月収70万円のうち、50万円超を稼いでいた夫が休職すると傷病手当金こそ出るものの、世帯月収は40万円弱に。貯金が10万円ですから、どこかから借り入れをしないと入学金を払うことができません……。

じつは年収800万円を超える高収入の世帯ほど、こうした備えのない家計になっていく傾向があります。

なぜなら、キャッシュフローが回っていれば大丈夫と考えてしまう罠に陥るからです。毎月の家計が少々赤字になってもボーナスやクレジットカードでやりくりできます。稼げるからなんとかなる……この感覚がコツコツ貯めるのを邪魔してしまうのです。
もちろん、本人が健康で仕事もなくならなければ問題は生じません。ただし、相談に来られたKさんの世帯のように収入がダウンする事態に直面したとき、一気に貯金をしてこなかったことが大きな痛みとなって家計を直撃するのです。

そうならないためには、日頃から支出をチェックし、浪費が増えすぎていないかを調べ、家計の中のお金の流れを見直すことが重要です。

CASE2●貯金をしていきたいと思っているのに……

相談者のAさんは40代のご夫婦。相談にやってきたAさんが会社員で、奥さんは専業主婦です。月収は26万5000円で、ボーナスが年間に約80万円。38歳のとき、2800万円を借り入れ、中古のマンションを購入していました。

家計の管理は奥さんに任せているものの、「不安があります」と相談に。というのも、住宅ローンの借り換えを考え、家計の状況をチェックしてみたところ、貯金額がAさんの想像を大きく下回っていたのです。

「もちろん、稼ぎがいいわけではないからしょうがない部分はあると思うけど、うちは子どももいないし、毎月、貯金ができていると思っていた」と言います。

そもそもAさんが住宅ローンの借り換えを検討し始めたのは、40代半ばになり、老後の資金について具体的に考え始めたからでした。

「老後2000万円問題」の報道もあり、真剣に貯めなければと思ったものの、Aさんの家計で貯金額が増えるのは年2回のボーナスのタイミングのみ。それも全額が貯金に回るわけではありません。

毎月の家計の細々した赤字分を補填し、住宅ローンのボーナス払い分を支払った残りが貯金に回っているだけでした。

家計をチェックすると、毎月の収入に対する住宅ローンの支払い額の割合が大きく、家計を圧迫。また、夫婦二人で楽しむ外食費も多すぎる印象を受けました。こうしたケースではまず月ベースでの支出が毎月の収入の中に収まるように調整するのが第一です。

「ボーナスを含めれば、年間で足りているから」という発想では、Aさんの望む「毎月、貯金ができる家計」にはなりません。

将来の安心のために、まとまった貯金額が欲しい人こそ、目の前の小さな改革が必要です。住宅ローンの借り換えも含め、毎月、家計から出ていく額を減らすこと。給料が振り込まれた時点で貯金口座にお金を移動し、少額でも貯金ができる仕組みを作っていきましょう。

CASE3●投資を始めたい。でも、今が本当にはじめどき？

「税金が得になる」と聞いて、「iDeCoを始めたい」とやってきたBさん。44歳、独身の男性の相談者です。

月収は35万円で、ボーナスは年間200万円弱。職場に近い都心の賃貸物件に住み、マイカーも所有し、年に数回海外旅行に出かけ、優雅な独身ライフを楽しんでいます。

貯金額は100万円ほど。収入を考えるとかなり少ない額ですが、本人はのほほんとされていました。

そんな状況でiDeCoに関心を持ったのは、「投資でお金を増やして結婚資金を作りたいから」とのこと。現状の暮らしぶりはそのままに状況を変えたいという考えからでした。

たしかに、お金に働いてもらうことは蓄えを増やしていく上で賢い選択です。しかし、投資を始めるまえにやるべきことがあるのも事実。iDeCo、つみたてNISA、株式投資、投資信託、リート、FXなど、さまざまな投資について調べるだけ調べて、「やっぱり不安だから」とはじめの一歩が踏み出せないのも問題ですが、「なんとなく良さそうだから」「メディアでよく話題にのぼっているから」と始めてしまうのも危うい行動です。

大切なのは、自分が大事にしたい価値を再確認すること。

Bさんの場合、同世代の子育て家庭に比べると生活コストが低い一人暮らしながら、支出に占める浪費の割合が高く、貯金が少ないことが気になります。また、本人に話を聞くと、iDeCoが一度始めると原則的に60歳までやめることができず、お金を引き出せない仕組みになっていることも知りませんでした。

税金が優遇されるお得な投資という点だけが耳に残り、「そろそろ投資を始めてみたいな」という感覚では明らかな準備不足。

私は30代、40代で投資を始めることには賛成です。将来に向けて、まとまった額の蓄えを作るには欠かせない選択肢だと言えます。ただし、目の前の家計の棚卸しをしないままの見切り発車での投資は、うまくいかないケースがほとんどです。

「本気を出せば、貯金できる」そう思っているなら、要注意

あなたは3つのケースを読んでみて、どんな感想を持ちましたか。

いずれのケースも大赤字で借金がかさみ、家計に赤信号が灯っている状態ではありません。しかし、人生100年時代と言われ、70代、80代を元気に過ごす＝お金が必要な暮らしを支えていくことを考えると、黄色信号が点滅しています。

なぜなら、お金の基本が守られていないからです。

すでにお気づきかもしれませんが、各ケースにはそれぞれテーマがあります。

ケース1は「家計の現状を把握し、支出を見直すことの重要性」、ケース2は「貯金をす

るための仕組み作りの重要性」、ケース3は「投資を始める前の準備の重要性」です。

じつはこれ、私が日頃から家計相談で伝えているアドバイスで、赤字家計を立て直し、黒字化させ、蓄えを増やし、未来に明るい展望を持ってもらうために欠かせないお金の基本です。

ケース1のように平均以上の世帯年収があるものの、支出の内訳がブラックボックスになっていて、蓄えがない家計はめずらしくありません。

また、ケース2のように収入に対する支出のコントロールがうまくいかず、貯金ができないという悩みは「家計相談あるある」と言えるくらいよく聞く話です。

あなたの家計もケース1や2に当てはまる状態ではないでしょうか。

もし、「給料が増えれば、そのうち貯まる」「本気を出せば、貯金できる」と思っているなら、要注意です。支出と真剣に向き合わなければ、状況は変わりません。時間が解決してくれる問題ではないからです。

貯金ができない家計では、基本的に次のような状態になっています。

・収入（毎月、ほぼ決まっている）－支出（正確に把握できないまま、出ていっている）

＝貯金できない（毎月、赤字ではないもののお金が残らない。または毎月、少しずつ赤字が出ているけれど、ボーナスで補填している）

こうした状態を改善する方法は、2章と3章で詳しく掘り下げていきます。そして、家計の改善をしないまま、ケース3のように「投資を始めよう！」となるのはお勧めできません。

なぜなら、投資に使うための余裕資金がなく、無理をしながら始めることになるからです。資金に余裕がないままでは、投資について勉強し始めたばかりの段階でも早めのリターンを求めたくなります。

しかし、世の中にうまい話はありません。

書店で投資本を探すと、短期間での高リターンが実現可能だと感じさせるタイトルの本が見つかります。そうした本の著者の99％は手痛い経験を何度もし、勉強を重ねて、その人なりの成果を手に入れ、そのノウハウを書いているわけです。

初心者が功を焦りながら成果が得られるほど、投資の世界は甘くありません。

私がお勧めしている投資の方法は、次のようなやり方です。

・支出を収入よりも減らし、貯金を増やす。貯金の一部をコツコツ投資で運用していく

コツコツ投資の具体的な方法は4章で詳しく紹介しますが、上級者から見ると刺激のない、基本的なやり方です。

正直に言って、貯金のできる仕組み作り、お金を増やすための取り組みに魔法や裏技はありません。重要なのは、誰が聞いても納得できる基本的な考え方を実践できるかどうかです。

あなたも「お金の使い方を見直して、ムダを省き、少しずつ貯めながら、余った部分を投資に増しましょう」と言われたら、「それはそのとおりだな」と思うのではないでしょうか。

でも、私たちはこうしたお金の基本を守ることがなかなかできません。それは10代でも、30代半ばでも、60代でも同じです。

なぜ、基本を実践するのが難しいのでしょうか？　そこには合理的な判断を邪魔する心理があります。

あなたの金銭感覚をチェックする3つの質問

これからお金に関する心理について、3つの問題を出します。

あなたのこれまでのお金の使い方を振り返りながら、問いのシチュエーションになったとき、あなたならどう感じるかを「イエス」「ノー」で答えてみてください。

問1○お正月にポスティングされた広告を見て、「体を鍛えよう！」と会員になったジム。入会金、入会月会費無料に惹かれて入ったものの、半年たった今では月に1回くらいしか通っていない。当然、筋肉量も、体脂肪率も変化なし。でも、仕事が暇になったら真剣に通うつもりだし、退会手続きが面倒だし、会員をやめられない……。

この感覚、わかる、わからない？

家計相談でもよく聞くシチュエーションです。

増え始めた体重や運動不足が気になっているタイミングで通える距離にあるジムの「入会無料」の案内を見て、「よし！」と入会。でも、気づくと足が遠のき、毎月の会費だけが口座から引き落とされている状態です。

その額、数千円。もったいないとわかっていながら、毎月、封筒に現金を入れて手渡しをしにジムに行くわけではないので、支払った感覚は強く残りません。

とはいえ、確実にお金は出ていきます。それでも退会手続きをするのが億劫に感じてしまうのは、心理学の世界で「現状維持バイアス」と呼ばれる心の働きがあるからです。

現状維持バイアスは、何らかの選択を迫られたとき、「何か得られるかもしれない期待」よりも、「何か失うかもしれない不安」の方を大きく感じ、現状を維持しようとする心の動き。これは私たちの脳に備わっている性質の1つで、生活のさまざまな場面で行動に影響を与えています。

たとえば、より待遇がよく仕事内容は大きく変わらない企業から転職の誘いがあったとしましょう。シンプルに判断すれば、転職を決断するのがベターな選択に思えます。

しかし、ほとんどの人は即答を避け、考える時間をもらい、「慣れている職場を離れるよりは……」「気心の知れた人間関係の中にいる方が……」と転職しない決断を下すための材料を探し始めます。

これも現状維持バイアスの働きです。

お金の使い方で言えば、毎月定期的に出ていくジムなどの会員料、スマホの契約料、生命保険の保険料などで、一度、契約した条件を改めれば金銭的負担が軽くなるのをわかっていながら「でもまあ……」となってしまいがちに。

こうして積み重なっていく支出が、毎月の家計を苦しくしているケースはめずらしくありません。

客観的に見れば、やるべきだとわかるのに行動に移すことができない状態を改善するには「現状維持バイアスというものがある」と知ること。そして、具体的な期限を切り、強制的に行動する段取りを組むことです。

ジムであれば、「来月、月に4回通わなかったら、30日の19時にジムで解約手続きをする」と決め、スケジュールに書き込みます。さらに実現度を高めたいなら、家族や恋人、友人に、あるいはSNSで自分の決めた条件を宣言しましょう。

やるか／やらないかではなく、やるための仕組みを作るのが大切です。

問2〇会社にやってきた生命保険の営業さんから加入を強く勧められ、対面での説明に納得。契約することを決め、シンプルなプランの商品に加入しようとしたところ、よりカバーする範囲の広い総合型を勧められた。保険料が高くなるのが気になったけれど、一度、「入る」と言ったので押し切られるように受け入れてしまった。

この感覚、わかる、わからない？

私たちには、緊張が緩んだとき、注意力が散漫になってしまう性質があります。これは「テンション・リダクション効果」と呼ばれ、「ついで買い」をしてしまうときなどに働いている心理です。

買い物をしようかどうか悩んでいるとき、契約しようかどうか考えているとき、私たちは緊張し、集中しています。しかし、買うことを決めた後、契約すると決めた後、緊張が緩み、そのタイミングで提案された内容を受け入れやすくなるのです。

たとえば、自動車ディーラーで新車の購入を決め、車体の色やフロアマットなどの選択を終えたところで、純正のカーナビゲーションシステムやアルミホイールを勧められ、「この際だから」と購入してしまう。

もっと身近なところでは、ファストフード店での「ご一緒にポテトはいかがですか?」といったひと言も緊張(テンション)が緩和(リダクション)したところを狙った声掛けです。

ちなみに、テンション・リダクション効果は高価な買い物や契約のときほど、働きやすくなります。それは払う額が大きいほど、決める前の緊張度は高くなるからです。

250万円の新車を買うと決めた後、15万円の純正カーナビをお勧めされると、ついつい250万円と比較してお買い得だと感じてしまいます。もし、カーナビだけを買うシチュエーションならば、「15万円か……」と判断にブレーキをかけ、考える時間を取るはずです。

住宅、自動車、保険など、人生で何度かの大きな買い物、契約を決めるときは「ついで買い」のリスクがあることを思い出しましょう。

緊張が緩んだところで追加した買い物の分もその後、何年も何十年もお金を支払い続けることになり、それが40代、50代となったあなたの家計を圧迫するかもしれません。

問3〇保有している個別銘柄の株の価格が下落。損切りするべきかもしれないと思いつつも、「IT銘柄は上下動するから」「株主優待の時期になれば上がるはず」など、上がる理由が浮かび、決断できない。

この感覚、わかる、わからない？

たとえば、あなたが株を保有しているA社が大きなトラブルに巻き込まれ、株価が下落し始めたとしましょう。そのトラブルは長引きそうで、このまま株を持ち続けても含み損が大きくなるばかりです。

冷静に考えると、損が少ないうちに早めに売却し、現金に戻して別の投資を考えた方が賢い選択だと言えるでしょう。しかし、そんなふうに理解はできていても、「もしかすると、この先、トラブルが解消して株価が戻るかも」という期待はなかなか消せません。

私も長年、さまざまな投資をしてきましたが、「損」をするとわかっていて株を売り、損を確定させる「損切り」をするのは勇気のいる決断です。

こうした迷いの背景にあるのは、「サンクコスト効果」と呼ばれる心理効果です。

私たちは、すでに支払ってしまい、戻ってくる可能性が限りなく低くなっているお金に対して、「ここまでつぎ込んだのだから、今さらやめられない」という気持ちを持ってしまいます。

この「せっかくここまで○○したのに、もったいない！」という気持ちは、お金だけでなく、過去に使った時間、労力に対しても発生します。株式投資で言えば、どの株を買うか悩み、調べた時間と労力もお金にプラスされるので、ますます損切りがしにくくなっていくのです。

「過去は変えられないからさ、先のことを考えようよ」と、あなたもこんなふうに誰かにアドバイスした経験があるかもしれません。サンクコストは、まさに過去に費やしてしまい、取り戻すことのできない費用（お金、時間、労力）のことです。

将来に向けた意思決定をするとき、サンクコストのことは考えず、今後の損得だけを冷静に考えるのが合理的な判断のはず。でも、私たちは「もったいない！」と思い、「もしかしたら、○○するかも……」という曖昧な希望にすがってしまいます。

家計や節約の話をするとき、「もったいない」はポジティブなイメージのある言葉として使われますが、こと投資に関しては「もったいない」と思ったときには異なる行動を起こすべきタイミングが来ているのかもと考えましょう。

お金を貯められる人の特徴と貯められない人の特徴

私はたくさんの赤字家計の相談に乗っていることから、取材や講演などで「お金を貯められる人の特徴と貯められない人の特徴」についてよく聞かれます。

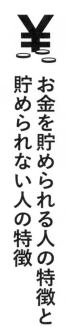

そんなとき、「貯められない人の特徴」として挙げるのは、次のようなポイントです。

- **特売品を買いに行くと、ついでに他の物も買ってしまう**
- **誘われたら、現金の持ち合わせがなくても飲み会に参加する**
- **時間を守るつもりが、つい遅れてしまう**
- **レシートはもらわないし、財布の中身も気にしない**
- **老後のことと明日のこと、心配なのは明日の方**

少しルーズで、意志が弱く、甘い誘惑に流されやすい。また、目の前のことを重視して、先々のことはあまり考えない。そんな共通点が浮かんできます。

でも、それは「お金を貯められる人」の性格にも当てはまることであり、現状維持バイアスやテンション・リダクション効果、サンクコスト効果は誰にでも働きます。

では、何が両者を分けているのでしょうか。

ポイントは、自分にある弱さを自覚していること。そして、客観的な物事の見方や合理的な判断を妨げる心理があることを知り、対策を立てていることです。

お金が貯まらない人は、お金の基本から逸脱してしまう行動が習慣になっています。それをすべて急に直すのは難しいことです。しかし、1つでも気づき、直していくことでお金の使い方が変わっていきます。

基本的に私たちの心理は非合理的で、目先の欲に負けてしまうのは仕方がないことです。でも、お金に関する知識を手に入れれば、目先の欲に負ける回数を減らすことができます。

つまり、何歳からでも「お金の基本」について学ぶことが大切なのです。

社会に出て15年近くがすぎ、仕事にも慣れ、自分らしい生活のサイクルもできあがってきた今のタイミングだからこそ、お金についてゆっくりと考えてみる時間を作りましょう。

本書が、これからのあなたの人生を豊かにする一助となることを願っています。

第1章

老後のお金に困らないための3年計画

37歳、お金の不安を膨らませる3つのわからなさ

37歳は、大学を出てから社会人になったとしたら15年目を迎える年齢です。会社の中での立ち位置は明確になり、部下や後輩を指導している人も増えていることでしょう。また、転職や独立を選択した人もいるはずです。

そして、先々のことを見通すと年金の受給開始年齢である65歳まで、あと28年。これまでのキャリアよりも、これからのキャリアの方が長い中堅世代だとも言えます。

本書は、そんな働く30代の人たちをイメージしながら、書いています。

私のところへ家計相談にやってくる方々はもう少し上の40代以降の方が多数派です。とはいえ、30代半ばでお金の悩みを相談しにやってくる方も少なくありません。

この世代の相談者の人たちには、ある共通点があります。

それはお金に対する漠然とした不安を抱えていることです。

・今は生活に困らないくらいの給料をもらっていて借金もないし、週末を楽しむお金もあるけど、今後もこのままやっていけるのかな？
・15年働いてきたわりには貯金があまりできていないけど、大丈夫かな？
・学生時代の友達に比べると、自分の働く業界は年収が少ないみたい。この仕事を続けていて、損することにならないかな？
・投資をした方がいいと聞くけど、やり方もよくわからないし、お金がなくなってしまいそうなイメージが強いけど、始めた方がいいのかな？
・退職金の出ない会社が増えていくというニュースを見たけど、定年後の暮らしってどうなるのかな？

日頃、職場ではテキパキと役割を果たしている方々が「お金」をテーマに話を掘り下げていくと、それぞれに感じている不安を打ち明けてくれます。

そういった不安の根底にあるのは、次の3つのわからなさです。

①人生でいくらお金を使うのかがわからない

②この先どのくらい稼げるのかがわからない
③多くのお金が必要になったとき、それを用意する方法がわからない

①の「人生でいくらお金を使うのかがわからない」は、「支出」の問題です。
②の「この先どのくらい稼げるのかがわからない」は、「収入」の問題です。
③の「多くのお金が必要になったとき、それを用意する方法がわからない」は、「貯蓄」と「投資」の問題です。

お金の不安のない強い家計を作るための3つのアドバイス

この3つのわからなさは、私が「強い家計」を作るためのお金の基本として伝えている3つのアドバイスとピタリと重なります。

そのアドバイスとは……。

①支出を抑えること
②収入を上げること
③貯蓄を増やすこと

不安の原因となっている3つのわからなさと強い家計を作るための3つのアドバイスが重なり合っているのは、偶然ではありません。

お金の不安はこの3つをクリアすれば、きれいさっぱり解決するからです。

お金の不安のない強い家計を作りたいなら、3つのアドバイスをすべて実行することが理想です。とはいえ、いきなり全部に取り組むのは難しいのが正直なところ。そこで、まずは1つだけでもいいので意識して取り組んでいきましょう。

仮に今、あなたの家計が「毎月、赤字が出ている」「クレジットカードのキャッシングで回している」「親からの仕送りに頼っている」など、危険な状態であったとしても、3つのアドバイスのうち1つまたは2つを実行できれば、いくらでも立て直すことができます。

やりようはいくらでもありますし、行動を起こすことで確実に良い方向へ変化していくのが、お金のいいところです。何もしなければ悪化しますが、支出、収入、貯蓄のいずれかに意識的になれば、いい効果が期待できます。

37歳から3年計画で、お金の不安のない強い家計を作っていく

そこで本書では、37歳からの3年計画で、3つのアドバイスを実行。あなたの抱えている「お金の不安」を解消していきます。

1年目／37歳→あなたの家計の現状を把握します。毎月出ていくお金に注目し、支出を把握。数字で客観視し、支出をコントロールできる感覚を身につけます。

2年目／38歳→お金を貯められる仕組みを知り、貯金ができる家計にしていきます。

3つのアドバイス

お金の不安がない強い家計を作るには

❶支出を抑えること

❷収入を上げること

❸貯蓄を増やすこと

3つのうちの1つでも意識をすれば変わる！

3年目／39歳→支出をコントロールできるようになり、お金が貯められる仕組みができたら、次はお金を増やすことのできる家計に。

ただし、闇雲に「節約しましょう」、「お金を貯めましょう」とアドバイスするつもりはありません。40代に向かう時期だからこそ、大事にしていきたいことがあるからです。

それは自分への投資。自己投資です。40代に向かう3年間でお金の基本を身につけ、将来に備えていくのはもちろん重要なことです。

しかし、世の中は変化しています。私たちの親世代のように就職以来、同じ会社で働き、勤め上げるような働き方は減っていく一方で、自分を磨き、「稼ぐ力＝人的資本」を伸ばすことが求められる時代になっていきます。

30代後半は20代から30代前半で培った能力、積んだ経験を土台にして、将来に向けた人的資本を充実させる時間が豊富にある時期。キャリアアップにつながる学び、転職や独立の準備、資格取得のための勉強、副業のための試行錯誤などに、時間とお金を使い、自己投資を行うべきです。

ですから、3年計画で「お金の不安」を解消し、安定した強い家計を作りながら、自己投資のためのお金を生み出すイメージを持ちましょう。

支出を見直し、貯金のできる仕組みを作り、将来の自分のために人的資本を伸ばす自己投資に使えるお金も用意していくのです。

それがあなたの稼ぐ力を伸ばし、結果的に将来の安心につながっていきます。

40歳に向けた
37歳からの3年計画

37歳

自分の家計の現状を把握する

毎月出て行くお金、つまり支出を把握する。数字で客観視できると、支出のコントロールができるようになる！

38歳

お金を貯められる仕組みを知る

お金を貯められる仕組みを理解すれば、だんだんと貯金ができる家計になっていく！

39歳

お金を増やすことのできる家計に

37歳、38歳で支出のコントロールと、お金を貯められる仕組みができたら、次はお金を増やすことのできる家計に。

本気になれる何かを持つことが貯める原動力に

もちろん、コツコツ、コツコツ、節約していけば、収入の少ない家計でも貯金は着実に増えていきます。実際、家計相談に乗っていると、世帯年収が800万円の相談者よりも多くの貯蓄がある世帯年収200万円台の家計に出会うことがあります。

では、こうした優等生家計を実現している人たちがコツコツ、コツコツだけでうまくいっているのかと言うと、そうではありません。

彼らは「これをやりたい！」という本気になれる何かを持っています。

それがたまたま節約だったケースもありますが、多くの場合、始めたい事業であったり、叶えたい夢であったりが、優等生家計を実現する原動力となっているのです。

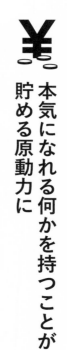

逆に家計相談でのアドバイスを真面目に聞き、いろいろなことを我慢し、地道にコツコツを自分に課していくタイプの人は途中で息切れしてしまいます。

なぜなら、プロローグでも紹介したように、私たちには合理的な判断を邪魔する心理的なバイアスが備わっているからです。

老後を迎えたとき、最低でも２０００万円の蓄えがなければ貧しい暮らしになってしまうらしいから、今のうちから貯めていこう、と。そう頭で理解し、納得しても、思わぬ浪費に走ってしまうことがあります。

そこで大事なのが、お金に関する知識を深め、「これをやりたい！」という本気になれる何かを持つこと。本気になれば節約に本腰を入れて持続させることができ、お金の知識が深まっていれば貯めて増やすことも可能になります。

この2つの条件が揃った人は、強い家計を作り、自己投資にお金を使い、人的資本を伸ばしていける可能性が高まるわけです。真面目にコツコツだけでは、貯金は続きません。

ちなみに、ここで言う自己投資とは「将来の自分自身にリターンがあるお金の使い方」です。

身近な買い物を例にして言えば、欲しかった服やバッグを安く買うことは自己投資ではありません。しかし、全自動洗濯機やお掃除ロボット、電動自転車などは高くても時間と労力の節約につながります。そこで生まれた時間を学びやリフレッシュに使うのであれば、その買い物は自己投資の一部だと言えるでしょう。

また、体を動かすためのジム通いや歯のクリーニングなどにお金を使うのも、将来の健康への自己投資に分類できます。

もちろん、自己投資のつもりが単なる浪費になってしまうこともあるでしょう。大切なのは、使ったお金にどれだけの意味があったかを振り返ることです。20代、30代のうちはお金で失敗しても、時間を使って挽回する余力があります。

あの使い方は自己投資ではなかったな……と振り返り、次に活かせばいいのです。

そうやって使っては振り返るというサイクルを繰り返しながら、あなたにとって本気で取り組むことのできる「これをやりたい！」を見つけていきましょう。

やりたいことが見つかったとき、必要になるのもお金

そして、矛盾するようですが、やりたいことが見つかったとき、必要になるのもお金で

す。

本気で取り組みたい何かができたとき、貯金があれば思い切って飛び込むことができます。準備のために学費を払い、学校に通う必要があっても対応できます。

私が「家計を改善しながら、やりたいことを見つけていきましょう」とアドバイスするのは、そのためです。お金は、あなたの人生をよりよく描いていくために役立ってくれます。

私がそんなふうに考えるようになったのは、多くのお客様のお話を聞いた経験に加え、私自身の職歴と関係しています。

そもそも私が専門学校を卒業後、最初に勤めたのは紳士服量販店でした。学生時代に取得した簿記などの資格を活かして経理マンとなるはずが、店舗で紳士服をばんばん売っていました。というのも、新人時代に新規出店の店舗へ応援に行き、売り場に立ったところ、抜群の販売実績を作ってしまい販売員として店舗へ配属されたからです。

「経理という約束だったのに、店舗配属？」という不満は残り続け、私は退職金がもらえる3年＋試用期間3ヶ月キッチリで退職しました。それが25歳の頃で、すでに子供が2人いたのに、妻には何も相談せず勝手に仕事を辞めました。

その後、司法書士を目指していくつかの司法書士事務所で働き、債務整理の業務を手伝うことになります。とはいえ、当時は債務整理書類を作る事務員です。淡々と事務作業をして、司法書士の勉強をするべきところで、私はお客様のお話を聞きながら「どうやったら、借金に苦しまない家計に変われるかな？」と一緒に考え、相談に乗っていました。

そんな姿を見た事務所のボスから、「横山くんはファイナンシャル・プランナーの資格を取って、お客様と話をする仕事をした方が合っているんじゃないの？」と言われ、ファイナンシャル・プランナーの道に入ったのです。

そこから約10年、37歳の頃の私は札幌を拠点に家計再生コンサルタントとして仕事をしていました。ちょうど3冊目の本「年収200万円からの貯金生活宣言」がヒットし、東京での仕事も増え始め、単なるファイナンシャル・プランナーではなく、赤字家計の再生に特化していこうという方向性が定まった時期です。

この頃、心がけていたのが人とのコミュニケーションに的を絞った自己投資でした。

この人の講演が聞きたい。この先生のところで勉強したい。

一度、東京に来たら1ヶ月は札幌に戻らず、いろいろな人に会っては話を聞いていました。子どもがいてどんどん稼がなくちゃいけない時期に、丁稚奉公のように事業再生の専門家の方に弟子入りしたこともあります。

とにかく、30代でお金と時間を自己投資に回したことが、今につながっていると感じています。ただし、1人の親としては「寝返りを打った」「立ち上がった」など、小さかった子どもたちの成長の大事なところを見逃したのが残念ですが……。

40代を迎える前に未来へ希望が持てる状態を

本気で取り組みたいことが見つかったとき、新たな自己投資のためのお金が必要になります。

私がファイナンシャル・プランナーとして独立したときは貯金がなく、借金でやりくりして家族にしんどい思いをさせてしまいました。でも、その反省を活かし、30代で次のステップに向かう場面では、貯金が新たな自己投資を行う支えとなりました。

お金を貯めておくメリットは、第一に生活が安定することにあります。何か変化が起こるたび、真っ先にお金のことを心配しなければならない人生は疲れます。

親しい友人が結婚すると聞き、「おめでとう」と言いながらもご祝儀の工面が頭をよぎるのは切ないものです。また、やりたいこと、興味のあることができたとき、お金がなくて行動に移せないのは苦しいものです。

貯金があれば、「今だけしのげれば」「来月、再来月はなんとかなる」という刹那的な考え方から脱却できます。今日仕事を辞めても半年は困らない蓄えがあれば、会社での理不尽なストレスに耐える必要もなくなります。

できれば、40代を迎える前に未来へ希望が持てる状態を作っておきましょう。貯金がない人生より、ある人生の方が何倍もおもしろいのは間違いありません。

¥ お金で困らないようになるための秘訣は「意識を変える」こと

2章では、あなたの家計の現状を把握し、支出をコントロールできる感覚を身につけるためのノウハウを紹介していきます。これがお金の貯まる仕組み作りの土台となります。

以前、38歳の男性が、後輩が自分よりもはるかに多くの貯金をしていると知り、家計相談にやってきました。

彼はまず自分が生活するために必要な固定の支出を書き出し、家計を把握することから始め、意識を変えれば貯蓄ができると気づきました。買い物をするとき、基本的にクレジットカードや電子マネーは使わず、現金決済に。また、欲しい物を買うときには「本当に必要か？」と考えることを習慣化し、実行しました。

半年後、月収27万円のうち毎月3万円ほどを貯金に回し、ボーナスも丸々残せる状態に。取り組んだことと言えば、お金の使い方を意識し、支出を書き出すようにしただけです。それだけでお金が残り始めたことに、相談者の男性自身が驚いていました。

似たような収入、環境でも、金銭的に余裕を持っている人と、そうではない状況の人がいます。その差は突き詰めていくと、わずかなお金に対する考え方と使い方の違いにすぎません。

お金で困らないようになるためには、意識を変えることです。

身近なところで言えば、40歳になると介護保険料が発生するようなり、否応なく将来に目を向ける人が多くなります。しかし、40歳から貯蓄を意識し始めるのでは、家計をコントロールして貯蓄をスタートするのに時間がかかるのも事実です。

早く変えれば変えるほど、赤字家計から脱却することができ、確実に成果を感じられます。30代半ばから40代は大きなライフイベントが起こる時期です。

結婚をする人もいれば、子どもを授かる人もいるでしょう。逆に離婚や入院といった事態も起きるかもしれません。また、仕事にも励み、転職や独立に備えながら、広い意味で社会的な信用なども作り上げていく大事な時期でもあります。

そんなふうにライフステージの変化が起きやすい年代だからこそ、お金なんかで困らぬよう、正しい金銭感覚を身につけてほしいと感じます。何も難しいことではありません。少しの工夫を実行すれば、必ず貯蓄はできますし、それにより生活自体に自信も持つことができます。

30代のうちから時間を味方につけ、37歳から3年間で準備をして40歳の節目を迎えましょう。3年後、笑うか泣くかは、今、これからの取り組みで決まるのです。

第 2 章

家計改革1年目

37歳、お金の不安のない強い家計作りの第一歩は、支出の現状把握から

家計がなんとなく回っている状態になっていませんか？

私はファイナンシャル・プランナーとなり、「家計再生コンサルタント」と名乗ってから、これまで2万3000人以上の家計相談を受けてきました。

この年収でこれだけ貯められるものなのか！　と感心することもあれば、ご夫婦でこんなに稼いでいるのに、どうして貯金がこれっぽっちなの？　と説教したくなることもあります。

そうした両極端なケースも含め、さまざまな家計の赤裸々な姿を目の当たりにして、つくづく思うのは「お金の不安のない強い家計を作っている人、そうではない人」の違いに「収入の多い少ないは関係ない」ということです。

たとえば、月に70万円近い世帯収入がありながら毎月の家計の収支はプラスマイナスゼロ。ボーナスはローンや税金の支払いに消えていき、貯蓄は夫婦合わせて数十万円という相談者の方がいました。

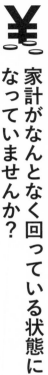

ご夫婦で家計相談に来られ、夫は妻が、妻は夫が、ある程度貯めていると思っていたことが発覚。その場で初めて「うちには貯金がない」という事実に気づき、夫婦喧嘩が始まるなんてことも経験しています。

ちなみに、そういったご夫婦は一組や二組ではありません。

一方、一人暮らしで手取り収入が23万円。決して余裕のある生活を送っているとは言えないものの、着実に貯蓄を増やし、「将来に備えて投資を始めたい」と相談に来る方もいます。

さて、本書を手に取ってくださったあなたの家計はどうでしょうか？

収入はそこそこあるのに、貯金ができていない……と悩んでいますか？　貯金ができないのは、収入が少ないからとあきらめてはいませんか？

2章では、「お金の不安」を解消するため、あなたの家計の現状を把握していきます。

ポイントは、毎月出ていくお金に注目し、支出を把握すること。というのも、お金を貯められない人の共通点として、現状把握力の低さがあるからです。

「毎月のスマホ代はいくらですか？」
「水道代は？」
「月初めに支出が増えがちなのはどうしてですか？」

こういった質問に即答することができない場合、支出への意識が低いと言えます。自分がいつ何にどのくらいのお金を使っているか、よくわかっていない状態です。把握しているのは、「家計がなんとなく回っている」ということだけ。ただし、それは自分にとって都合の良いように物事を見ているだけです。虫歯があるとわかっているのに歯医者に行かないようなもので、状況は悪化することはあっても良くはなりません。

数字で客観視し、支出をコントロールする感覚を身につけていきましょう。

あなたは昨日いくら使ったか、言えますか？

じつは家計相談に乗っていて悩ましいのは、「収入はそこそこあるのに、貯金ができていない」という人たちです。このタイプの家計には、共通している問題があります。

それは支出のルーズさです。

ところが、本人にはさほど使いすぎているという自覚がありません。というのも、平均的な世帯よりも稼ぎがあるため、必要になれば支払えてしまうからです。

- 会社の近くに住んだ方が仕事の効率も良くなると聞いたから、家賃が高くても都心のマンションに部屋を借りてしまう
- 買い物に行くと「これがあれば便利」「あれが体に良さそう」とあれこれ買ってしまう
- 自己投資が大事だと思うから、ジムも、英会話も、ゴルフの個人レッスンも、エステも、費用を惜しまない

払えるがゆえに、本当に必要かどうかを真剣に検討することなく、その場の勢いで使ってしまうのです。

その結果、収支は毎月とんとんに。足りない分はクレジットカードや電子マネーで支払い、ボーナスで補填するような家計になっていきます。

こうしたタイプの相談者に「昨日いくら使ったか、言えますか？」と質問すると、千円単位のざっくりとした額が答えとして返ってきます。しかも、1つ1つの支出を確認して計算してみると、総額が大きくずれていることもめずらしくありません。

入ってくる額には強い関心を持っていて、商品を買うときの価格はチェックしても、総額でいくら支払ったかはあまり注意しないわけです。

ただし、この傾向は「収入はそこそこあるのに、貯金ができていない」人たち特有のものではありません。

「貯金ができないのは、収入が少ないから」と考えている人たちの家計でも同じことが起こっています。収入が少ない分、使える額は減りますが、支出がルーズになっていることは変わりません。

給料日前になるとお財布の現金が乏しくなるので、クレジットカードや電子マネーで支払い、結局、その月は何にいくら、どうして支出したのかがよくわからないまま、次の給料日を迎えるのです。

それでも、お金が口座に振り込まれれば、問題なし。今月もなんとかなったし、来月も大丈夫だろう……と変わらぬ使い方を続けてしまうのです。

1つの費目に狙いを定めて、出ていくお金を1ヶ月記録する

しかし、「お金の不安のない家計」を作るには、支出のコントロールが不可欠です。収入が劇的に増えるようなことがない限り、貯金を増やすには支出を減らす必要があります。支出にルーズなままでは、出ていくお金のどこに無駄があり、何を削ることができるのかがわかりません。

その点、収入が少なくてもお金を貯められている人は、支出を把握する努力をしています。その結果、今月は何にいくら使ったか、無駄はなかったか、節約できるポイントはあ

るかなど、支出を意識し、貯金に回すことができるのです。

ところが、収入はそこそこあるのに、貯金ができていない人たちは、払えてしまうがゆえに、支出を意識する重要性に気づかずにいます。

まずは「このままだとまずいかも？」と自覚すること。それが「お金の不安のない家計」を作るスタートとなります。

そこで、私がお勧めしているのが、１つの費目についてだけ家計簿を付けるという方法です。

費目とは家計でのお金の使い道。食費、水道光熱費、住宅費、被服費、通信費、雑費など、さまざまありますが、一般的な家計簿はこうした費目のすべてを記録していきます。当然、書き込む量は多く、毎日の支出のデータとしてレシートをまとめておく必要もあり、大半の人が途中で挫折します。

とはいえ、家計から出ていくお金の額と行方が見えないままでは困ります。あなたの意識を家計の把握に向けるはじめの一歩として、費目のうちの１つだけを取り上げ、支出を記録してみてください。

ピックアップする費目は、日頃からあなたが「使いすぎているかも」と気にしている支出、もしくは毎日習慣的に使っている雑費がお勧めです。
いきなり家計のど真ん中である食費を細かく記録するとなるとハードルが上がります。また、住宅費や水道光熱費など、月に一度の支払いで済む費目は支出に意識を向ける意味では、あまり効果がありません。

「先月も飲みすぎちゃったな……」という人は、交際費を。
「洋服が大好きで！」という人は、被服費を。
「毎日、スタバのコーヒーが欠かせない」という人は、コーヒー代を。
「一人暮らしで外食が多い」という人は、食費から切り分け、外食費だけを。

そんなふうに自分の中で1つの費目に狙いを定めて、1ヶ月の間、出ていったお金を記録していきましょう。その際、最初の1ヶ月間は「節約しよう」とがんばるのではなく、いつもどおりにお金を使ってください。

支払いが発生したその場で、日付と金額「〇〇円」を記録

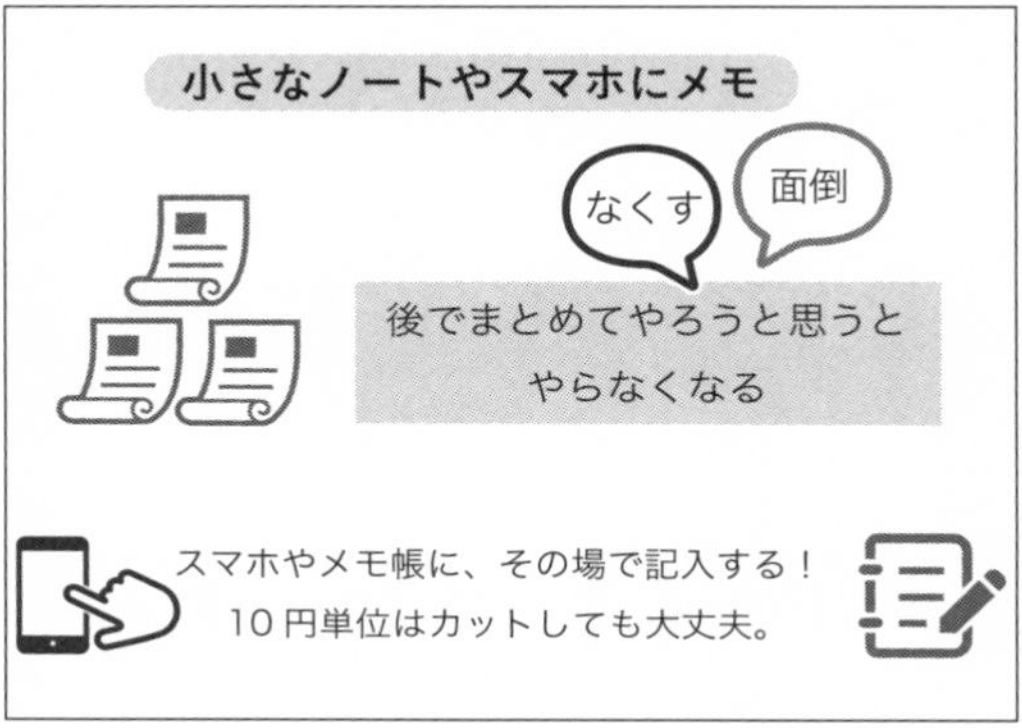

小さなノートやスマホにメモ
なくす
面倒
後でまとめてやろうと思うと
やらなくなる
スマホやメモ帳に、その場で記入する！
10円単位はカットしても大丈夫。

記録の仕方は、簡単です。

小さなノートを用意して、決めた費目のお金が出ていった直後に日付と「〇〇円」とメモするだけ。10円単位はカットしても問題ありません。また、メモする先はスマホでもいいでしょう。

ただし、レシートを取っておいて、週末にまとめてメモしよう……とはしないでください。

家計の把握が習慣化されれば、レシートを取っておく方法は役立ちます。でも、はじめの一歩として1つの費目を記録する段階では、自分のマメさを信じてはいけません。

週末、取っておいたはずのレシートが見つからず、探しているうちに疲れてしまって、記録が途切れるという展開が目に浮かびます。なぜなら、私自身、そういうタイプだからです。

洋服を入れた紙袋を受け取った直後、ランチを食べた後、居酒屋を出てすぐ、カフェのカウンターで……。必ず、支払いが発生したその場で、日付と金額「○○円」を記録しましょう。

あとはシンプルに1ヶ月間、メモを続けます。

物事が前に進んでいる実感がやる気の原動力になる

こうして1つの費目について、ひと月の支出を記録。出ていった総額を計算した結果、その額が予想よりも大きく驚くこともあるでしょう。あるいは、使いすぎに気づいて落ち込むこともあるかもしれません。

いずれにしろ、次の1ヶ月はその費目の支出が少しでも減るよう節約を心がけてみてください。

・自宅から保温できる水筒にコーヒーを入れて会社に行き、カフェで買う回数を減らす
・毎日のランチの予算の上限を決め、支出を抑える
・同僚と飲みに行く日を月に「4回まで」と決める
・洋服はバーゲンの時期にまとめて買うように心がける

そんなふうに改善を試みながら、再び1ヶ月間の支出を記録します。すると、総額を前月と比較することができるようになります。

これは家計をコントロールする上で、とても重要なことです。

前月比で総額の変化がわかることで、節約できたかどうか、使いすぎてしまったかどうかが見えるようになります。

つまり、1費目の1ヶ月の記録を2ヶ月、3ヶ月と続けていくことで、「自分も家計をコントロールできる」という実感が得られるのです。少しずつでも物事が前に進んでいる実

感がやる気の原動力になることは、ハーバード大学をはじめ、多くの心理学の研究でも明らかになっています。

家計の現状把握でも、その効果は発揮されます。

いきなり家計全体を一気に把握しようと意気込むのではなく、1つの費目に絞って手を動かすこと。1費目の記録達成という1つの小さな達成感を得ることが、あなたのモチベーションを高めてくれるはずです。

●まとめ

1ヶ月目／1費目に絞り、毎日の支出を記録する

2ヶ月目／1費目に絞った毎日の支出記録を継続。支出を節約する努力を始める

3ヶ月目／1費目に絞った毎日の支出記録と節約を継続。3ヶ月分の支出記録を比較して、家計をコントロールする感覚を実感する

次のステップは、つい浪費してしまいがちな「食費」の把握

1つの費目の記録によって自分も家計がコントロールできるという実感が湧くと、自然と他の費目にも目がいくようになります。

そこで、次に取り組みたいのが、家計の中で欠かせない費目であり、つい浪費してしまいがちな「食費」の記録です。

自炊のためのスーパーやコンビニなどで買った食材、飲料の購入費。

外出時、朝、昼、晩、おやつの時間に使った外食費。

もちろん、お金を払ったその場でメモする方式でもいいですが、回数、金額ともに多くなるのでレシートをとっておき、1日の終わりにまとめてノートに記録する方法もお勧めです。

食費に関しても、1ヶ月間、記録を続けていきましょう。

その際、1費目を記録したときと同じく、1ヶ月目は節約を意識せずに進めましょう。メ

モをするだけでも大変なのに、「これは無駄かな？」「今日は買いすぎかな？」と気にしていては持続しません。

我慢せず、いつもどおり買い物をしてください。

その結果、1ヶ月でどのくらいの数字が出るのか。リアルな食費の額を把握することが大切です。

たとえば、1ヶ月の記録として「5万5000円」という数字が出たとしましょう。総務省の調査によると、「働いている一人暮らし家計」の場合、月の食費の平均額は4万4600円。5万5000円はつまり、平均よりも1万円ほど多いことがわかります。

もちろん、平均との比較がすべてではありませんが、十分に節約の余地があるということ。そこで、1ヶ月の記録がまとまったら、見開きにしたノートに毎日の支払額の棒グラフを作ってください。それが手間であれば一週間毎でも構いません。

この棒グラフで何がわかるかと言うと、出ていく食費の動きです。

多くの家計で言えることですが、給料日の後に食費の支出が増えます。これはお金が入った週末に食材の買い出しに行くためです。

その後は日々のランチ代や夜のコンビニでのちょっとした食材の買い足しなどがあり、

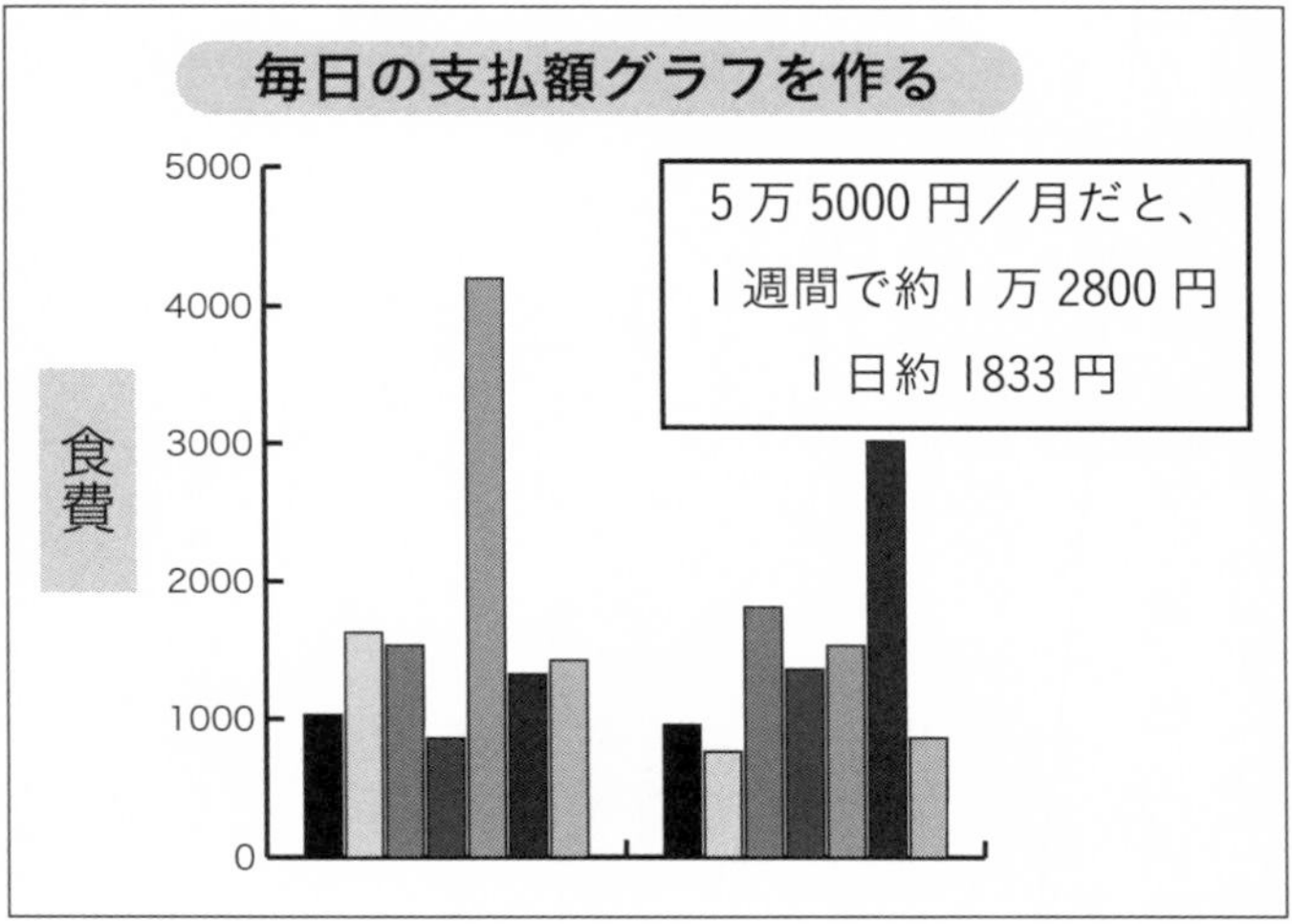

給料日前になると現金の手持ちが少ない分、節約意識が働き、支出が減っていきます。

棒グラフを作ることで、5万5000円の食費がどんな流れで使われていったのかを把握できるようになるわけです。

ちなみに、ひと月の食費が平均よりも少ない額になっていて、それでも月末にはお金が残らないのだとしたら、他の費目の支出に問題があるということ。食費の記録の次に取り組む「ショー（消費）・ロー（浪費）・トー（投資）」の仕分けで、原因を探っていきましょう。

大切なのは、一度の浪費で「今月はもういいや」とならないこと

食費の記録の2ヶ月目は、節約を意識して買い物をしていきます。

その際、前月の棒グラフが役立ちます。

前月、最も食費の支出が多かった週に着目。2ヶ月目はそこで支払う額を減らすよう心がけてみましょう。出ていく額が多かったところは、それだけ削減できる幅があるということ。数百円単位の細かな出費を何割か削るよりも、スーパーで数千円単位の買い物をしているときにカゴに入れるビールの本数や果物、お菓子の数を減らして、500円ずつ節約する方が効果的です。

もちろん、2ヶ月目も支出を記録し、棒グラフを作ります。翌月も続け、3ヶ月分のデータが揃ったところで、前々月、前月、今月と比較できるようになれば、あなたの家計の現状把握力は劇的に向上します。

というのも、私のこれまでの知見では「食費を制するものは、家計を制す」と言われ、食

費をコントロールできる力は、すべての費目に通じるからです。

とはいえ、毎日の買い物にはその日の気分も大きく影響します。家事が面倒になって、高級惣菜を衝動買いすることもあるでしょう。いいことがあって、スイーツをご褒美買いしてしまうこともあるでしょう。

大切なのは、一度の浪費で「今月はもういいや」とならないことです。

地道な自分との戦いになりますが、「昨日は昨日」と割り切って、翌日から再び支出額に気をつけながらコツコツと記録を続けていきましょう。

また、1つの対策としては「食費は月5万円」と決め、4分割。1週間の予算は1万2500円と割り振り、その金額でやりくりしていく方法もあります。

いずれにしろ、家計の把握に焦りは禁物です。急に極端なダイエットを始めると、短期的に減量に成功しても、後々リバウンドしてしまいます。食費に関しても「節約のために月2万円にする！」といった厳しい枷はかけないようにしましょう。

可能性のある金額で毎月、毎週の予算の上限を決め、記録をつけながらコントロールしていくことが大切です。

●まとめ
4ヶ月目／食費について、毎日の支出を記録。1ヶ月分を棒グラフにまとめる
5ヶ月目／食費に絞った毎日の支出記録と棒グラフの作成を継続。日々の支出について節約する努力を始める
6ヶ月目／食費に絞った毎日の支出記録と節約を継続。3ヶ月分の支出記録と棒グラフを比較して、家計をコントロールする感覚を実感する

固定費、変動費を含めた家計全体のお金の動きを掴む

1つの費目、食費と続けてきた支出の把握も最終段階に入ります。

いよいよ固定費、変動費を含めた家計全体のお金の動きを掴み、コントロールしていきましょう。

ちなみに、固定費とは毎月一定額かかる支出です。

住居費、生命保険料、通信費、教育費、小遣い、ペットにかかる費用、自動車などのローン、毎月課金されるアプリや有料テレビ代、毎月定期購入するコンタクトレンズなどといったものが該当します。

一方、変動費とは毎月支払い額の異なる支出です。

食費、水道光熱費、日用品代、被服費、交際費、娯楽費、嗜好品代などが当てはまります。毎月変動しますから「家計の支出を節約しよう」と思ったとき、真っ先に手を付けやすいのが変動費です。

しかし、食費の記録と節約を経たあなたは実感していると思いますが、変動費を削るためには根性と我慢、モチベーションの維持が欠かせません。残念なことに私たちの意志力は想像以上に弱いので、根性と我慢は続かず、モチベーションはすぐに途絶えてしまいます。

つまり、変動費の節約は長続きさせるのが難しく、成果の出にくい取り組みです。

逆に固定費の節約は、取りかかるために思い切りが必要ですが、一度減らせば、効果が確実に持続します。

たとえば、「毎月の生命保険料が高い気がする。見直したら安くなるかな」「通信費の節約には格安スマホがいいと言われるけど、検討してみようかな」「有料放送の会員になっているけど、最近、忙しくて1本も映画を見ていないな」と。

そんなふうに今、支払っている固定費が生活に見合ったものかどうかを自分に問いかけ、「変える余地がある」と思ったのなら行動しましょう。

契約プランの見直しや解約は面倒で、後回しにしがちですが、腰を上げて動き出せば、来月以降の固定費が確実に減っていきます。

ここでは変動費の節約は持続しづらく、固定費の節約は最初は大変でも効果が長く続くと覚えておいてください。

3つの目のステップは、家計の三分法「ショー・ロー・トー」でうまくいく

家計全体の動きを把握し、コントロールできるようになるため、家計相談にやってきた方に向けて私が必ずアドバイスしている方法があります。

それは「家計の三分法」です。

これは固定費、変動費のどちらもまとめて、支出を「消費(ショー)」「浪費(ロー)」「投資(トー)」の3つに分けてお金の使い方を振り返り、その意味を考えることで家計全体の把握力とコントロール力を身につける方法です。

1つ目の「消費」は、生きるため、生活するために欠かせない支出です。食費や住宅費、水道光熱費、交通費、自動車の維持費、スマホの利用料金を含む通信費、生命保険料などが当てはまります。

2つ目の「浪費」は、いわゆる無駄遣いしてしまったお金です。ギャンブルや過剰な嗜好品代、借金の利息、不用意にかかる手数料や年会費などが当てはまります。

3つ目の「投資」は、将来の自分に返ってくる使い方です。仕事の幅を広げるための通信教育代、書籍・参考書代、セミナー代など、自分の将来に役立つと思われるもの。もちろん、貯金や金融商品への投資も含まれます。

私が「家計の三分法」を勧めているのは、自分らしいお金の使い方の軸を作ってもらうためでもあります。

とはいえ、相談に来た方がすぐに納得してくださるわけではありません。

家計簿を筆頭に、家計のお金を仕分け、記録するのは手間のかかる作業だからです。ただ、「家計の三分法」を実践するのはそれほど大変なことではありません。

ここでも3ヶ月かけて習慣化していきますが、1ヶ月目は食費のときと同じくお金を使ったら必ずレシートをもらい、捨てずに取っておきましょう。そして、1日の終わりにレシートを見返しつつ、「消費」「浪費」「投資」の3つの箱（封筒やクリアファイルでもOK）に分けていきます。

・コンビニのレシート……今日、仕事の帰りにコンビニに寄ったのは、なんとなくだったな。食べる必要のないスイーツを買っちゃったから、「浪費」に

・カフェのレシート……昨日のカフェでのコーヒー代は、同僚との打ち合わせだったか

ら、必要経費。これは「消費」だな

・先輩に言われてしぶしぶ自費で参加した勉強会。行ってみたら、これからもっと学んでみたいと思えたから、「投資」かも

大事なのは振り返って、使い方について考えること。深刻に「これは、浪費？　消費？　投資？」と悩むことはありません。ざっくり分ければ、それでOKです。

そもそも、私たちは「これは浪費！」「自分の稼いだお金だ、浪費しよう！」と覚悟を決めて浪費することはほとんどありません。使った瞬間は、消費か投資のつもりでお金を出しているはずです。

その1つ1つを振り返り、「あ、これはいらなかった」「これはよかった」と考えることが「三分法」の役目の1つ。3つの箱に仕分けながら、「自分には、こういう無駄遣いの傾向があるよな」「使った後、後悔するような買い物はやめておこう」と気づけたら、家計のコントロール力が高まり始めている証拠です。

「お金の不安がある家計」になっている人は、失敗を失敗だと気づかないままお金を使い続け、しかも何回も繰り返してしまいます。

つまり、三分法で「あれは失敗だったな」と思える仕組みを用意することが、あなたの家計を変えるきっかけとなるのです。

三分法の役割は、あなたのお金の使い方や流れを知ること

3つの箱に分けたレシートは1週間に1度、回収して総額を集計します。

・「消費」の箱は、○○円
・「浪費」の箱は、○○円
・「投資」の箱は、○○円

そして、月末に1ヶ月分の総額を出したら、支出総額と合わせて計算し、「ショー・ロー・トー」の割合を確認します。

3つの箱で割合を確認

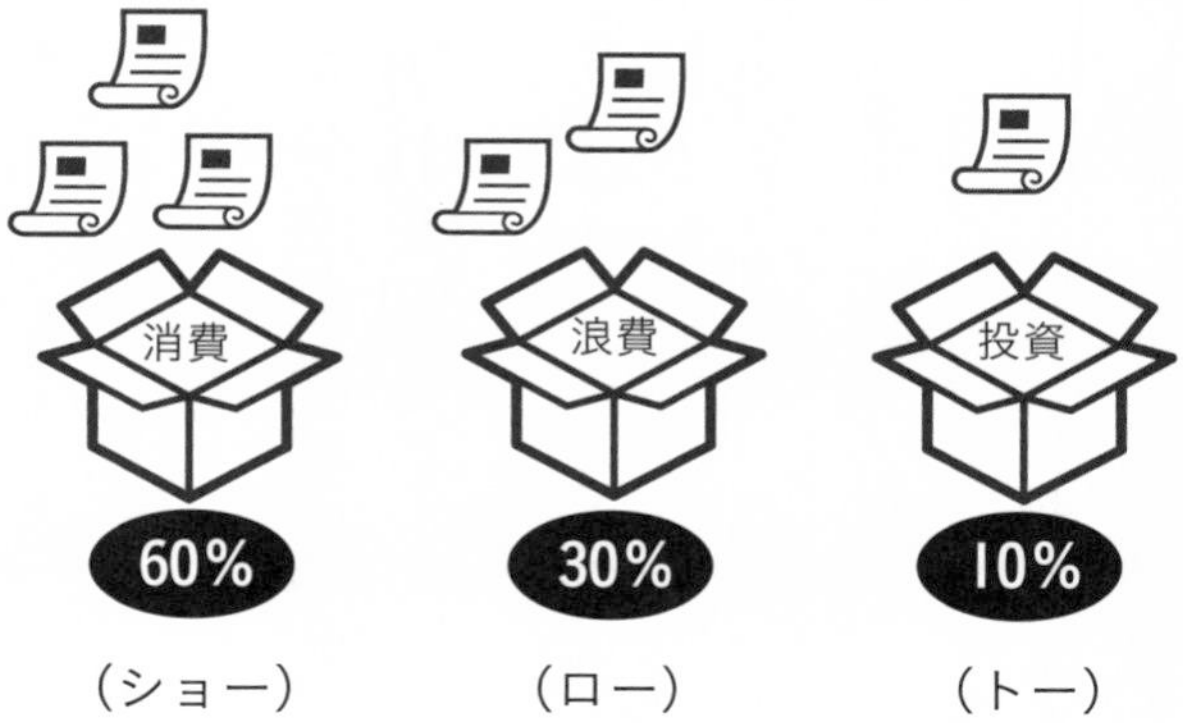

計算式は簡単です。

「各項目の金額÷収入合計」

今月は「消費60％、浪費30％、投資10％」と。これは2ヶ月目、3ヶ月目も続けます。

すると、「先月に比べて、今月は浪費が増えたな」「その分、今月は節約を心がけたから、浪費が減って消費の割合が増えたな」「3ヶ月通して、投資の割合が低いままだったかも」など、収入に対する「ショー・ロー・トー」の割合の変化が見えてきます。

三分法の役割は、細かなお金の出入り

の把握ではなく、お金の使い方や流れを知ることです。「百円単位で、いくら使ったか」より「何にどのくらい使ったか」を掴み、「あれは失敗だったな」「自分にとってムダな支出＝浪費だった」と振り返っていきましょう。

その積み重ねが支出へのルーズさをなくし、お金の不安のない強い家計づくりを前に進めてくれます。

お金が貯まる強い家計は、消費が70％、浪費が５％、投資が25％

私がこれまで家計相談に乗っていて、「強い家計」「お金が貯まる家計」「お金が増えていく家計」だなと感じた家計に共通する三分法の割合があります。

それは「消費が70％、浪費が５％、投資が25％」です。

「ショー・ロー・トー」の三分法に取り組んだ３ヶ月の割合と比べてみて、「自分は理想の数字からだいぶかけ離れている」と落ち込んでしまうかもしれません。でも、安心してください。

まずは支出を把握することが重要です。

その上で、1年目の最後のステップとして、残りの3ヶ月を使ってあなたのできる範囲で、「消費が70％、浪費が5％、投資が25％」の黄金比を目指していきましょう。

ちなみに、ドライに考えると浪費を0％にすることが理想かもしれません。しかし、ある程度の無駄遣いはOKとしておくことが、結果的に日々の暮らしのゆとりとなり、ストレスなく家計を動かしていくコツとなります。

●まとめ
7ヶ月目／支出全体を「消費」「浪費」「投資」に分けていく。毎日の支出のレシートを「ショー・ロー・トー」に分類。週1回、小計を出し、月末に「ショー・ロー・トー」それぞれの総額を出し、支出全体に対する「消費」「浪費」「投資」の割合も算出。適宜、自分のお金の使い方を振り返る
8ヶ月目／同じく「ショー・ロー・トー」を続け、「消費」「浪費」「投資」の割合も算出前月の変化を確認する。適宜、自分のお金の使い方を振り返る

9ヶ月目／「ショー・ロー・トー」を継続。3ヶ月分の「消費」「浪費」「投資」の割合を比較。3ヶ月の間の自分のお金の使い方の変化を振り返る

「消費」と「浪費」を減らし、「投資」に回す

「お金の不安のない強い家計」を作るため、支出を把握し、コントロールしていくステップもいよいよ最終段階です。

「ショー・ロー・トー」を使いこなすことで、あなたの家計の支出の内訳と傾向を掴むことができたはずです。あとは、理想的な「消費」「浪費」「投資」の割合「消費が70％、浪費が5％、投資が25％」を意識しながら、支出をコントロールしていけば、「お金の不安のない家計」の土台が完成します。

そこで、まずは現時点で「消費」「浪費」「投資」に仕分けた支出の内容をチェックしていきましょう。

たとえば、食費として「消費」に含まれていた買い物も、食材を腐らせて捨ててしまっていたら、「浪費」になります。

タバコを吸う人はタバコ代を必要不可欠な費用として「消費」に分けがちです。でも、これは「浪費」ではないか？　と疑ってみること。すると、「消費」が減り、「浪費」が増えます。「浪費」の理想的な割合は５％ですから、タバコ代がこちらに移ったことでバランスが崩れ、危機感が生じるはずです。そこで、週に3箱吸っている人が減煙や禁煙に乗り出せば、吸わなくなった分のタバコ代が浮きます。

仮に週に2箱分の購入費がなくなれば、１０００円として月に４０００円。これを貯金や仕事に役立つ本の購入費に回せば、「浪費」が減り、「投資」が増えます。煙になって消えていたお金が、将来の自分の血となり肉となるのです。

また、無意識のうちに積み重なる「浪費」を意味する「ラテマネー」という言葉もあります。

あなたが昼休みに立ち寄って買っているコンビニのコーヒーやスタバのラテなど、なんとなく使ってしまったお金も、積み重なると大きな金額になります。１００円のコーヒーも毎日なら1年で３万６５００円。３４０円のラテだったら12万円を超えます。

これを「消費」と「浪費」のどちらの枠に入れるかも検討が必要ですし、そもそも購入する回数を減らせないか考えてみましょう。

「消費」と「浪費」を減らし、「投資」に回すことを続ければ、将来の暮らしに確実に大きな違いが生まれます。

自分にとっての本当の自己投資ってなんだろう？

「消費」「浪費」「投資」をチェックするとき、基本的な流れは次のようになります。

①「消費」の中にある「浪費」、「投資」の中にある「浪費」を見つける
②仕分けによって増えた「浪費」の中に減らせる支出はないかチェックする
③実際に「浪費」の節約にチャレンジしてみる
④節約したお金を「投資」に回す行動を起こす

「投資」の中の「浪費」を見つけるには、「自分にとっての本当の自己投資ってなんだろう?」という問い直しが必要です。

たとえば、「ずっと欲しかったブランドバッグが3割引きで売っていたので、購入した」や「健康のため、ジムの会員になっている……けど、あまり行っていない」は、本人にとっては「自分への投資」という感覚があるかもしれません。でも、その感覚が「本当か?」と疑う余地はあります。

一方、「家事の時間をできるだけ減らしたい」と買ったロボット掃除機や自動食洗機は、「贅沢だ」と思う人から見れば「浪費」ですが、それにより時間を有効に活用できれば間違いなく「投資」だと言えます。

では、あなたの価値観から判断して、「白い歯は自分への投資」と言って定期的に歯のホワイトニングをしている同僚の支出は「投資」でしょうか?

私の定義では、将来の自分へのリターンとなる「消費」が「投資」です。

でも、何がリターンになるかは一人ひとり異なります。だからこそ、自分で客観的にチェックしてみる必要があるわけです。

プロローグでも触れたように、私たちには感情に影響を受けて、合理的な判断ができなくなる性質があります。

私も「自分への投資」のはずが、「浪費」になったという経験は何度もしています。大事なのは、結果的に「浪費」になってしまったとき、「投資が浪費になっちゃったな」と振り返り、次に活かそうとする姿勢です。

それでもまた間違えるのが人間ですが、振り返らずに同じ「浪費」を続けてしまうより前向きです。

タバコやラテマネー、歯のホワイトニングは一例にすぎませんが、こんなふうにして3ヶ月かけながら、「消費」「浪費」「投資」の内容をチェックし、理想の割合に近づけるためのリバランスを行ってください。

¥ 生きたお金を使える人になってほしい

ただし、30代半ばから40代に向かうあなたにだからこそ、伝えたいことがあります。

ガチガチの節約を目指すこと、一切の無駄を省こうとする支出の削減は避けましょう。人として成長していくためには、遊びが不可欠です。

「浪費」になるかもしれないから、自分への「投資」はやめておこう。
「浪費」になるかもしれないから、遊びに行くのはやめよう。
「浪費」になるかもしれないから、高級店でごはんを食べるのはやめよう。

1年かけて家計の現状を把握していく狙いは、お金を使わない習慣を身につけることではありません。あれもダメ、これもダメとお金の出口を塞いでいけば、たしかに短期的には貯金に回るお金を増やすことができます。

しかし、30代半ばから40代に向かう年齢は人生の中でも非常に重要な時期です。

その時点では「浪費」に思えた支出が、40代後半になって「投資」だったと気づくこともあります。

大切なのは、お金をちゃんと使うこと。

私が家計を把握し、支出をコントロールする力を身につけるようにお勧めするのは、その上で生きたお金を使える人になってほしいからです。

支出について意識すること。

「消費」「浪費」「投資」の感覚を持つこと。

この2つがあなたにとって当たり前のものになったとき、それでもこだわりを持って「この費目にはしっかり使う！」と言える支出があれば、勇気を持って使っていきましょう。

あなたが今、手にしている収入は大変な努力をして稼いだ大切なお金です。

そのお金を使って、ただただ生活を維持して、税金を払うだけでは、どこか虚しいではないですか。生きていく以上、どうあってもお金は必要で、支出は途切れません。だとしたら、いい意味で使い方を吟味して、将来の自分がより良く変わるように役立てていきたいものです。

●まとめ

10ヶ月目／「消費」「浪費」「投資」に分けた支出の中から、隠れ「浪費」を探していく

11ヶ月目／見つかった隠れ「浪費」を「投資」に回す行動を始める

12ヶ月目／「消費」「浪費」「投資」の割合を理想のバランスに近づけながら、自分なりの生きたお金の使い方を模索していく

郵 便 は が き

料金受取人払郵便

麹町局
承認

1763

差出有効期間
2022年1月31日
まで

切手はいりません

102-8790

209

（受取人）
東京都千代田区
九段南 1-6-17

毎日新聞出版

営業本部　営業部行

ふりがな	
お名前	
郵便番号	
ご住所	
電話番号	（　　　　）
メールアドレス	

ご購入いただきありがとうございます。

必要事項をご記入のうえ、ご投函ください。皆様からお預かりした個人情報は、小社の今後の出版活動の参考にさせていただきます。それ以外の目的で利用することはありません。

毎日新聞出版　愛読者カード

本書の
タイトル「　　　　　　　　　　」

●この本を何でお知りになりましたか。

1. 書店店頭で　　　　　2. ネット書店で
3. 広告を見て（新聞／雑誌名　　　　　　　　）
4. 書評を見て（新聞／雑誌名　　　　　　　　）
5. 人にすすめられて　　6. テレビ／ラジオで（　　　　）
7. その他（　　　　　　　　）

●どこでご購入されましたか。

●ご感想・ご意見など。

上記のご感想・ご意見を宣伝に使わせてくださいますか？

1. 可　　　2. 不可　　　3. 匿名なら可

職業	性別 男　　女	年齢 歳	ご協力、ありがとうございました

第 **3** 章

家計改革2年目

38歳、
貯金を増やす方法を知り、
貯められる体質に

お金を払うとき、ニーズとウォンツの視点で考えてみる

あなたは子どもの頃にもらったお年玉をどうしていましたか？親に言われて、大半を貯金に回していた人もいれば、欲しい物を次々買って冬休みの終わりにはきれいさっぱり使い切っていた人も、お小遣いでは足りない買い物用の資金に取っておき、半年、1年かけて使っていた人もいるかもしれません。

私が家計相談に乗っていて「この人にはお金を貯める習慣が身についているな」と感じるのは、子ども時代にお年玉を半年、1年かけてコツコツ使えていたタイプの人です。

2章では、家計のお金の出口である支出を把握する方法として、「ショー・ロー・トー」の考え方を紹介しました。

使ったお金を「消費」「浪費」「投資」に仕分けていき、お金の不安のない強い家計が実現しているショー・ロー・トーの割合を目指していく。これが実現されれば、自然とお金が貯まる家計にもなっていきます。

ただし、プロローグでも述べたように、私たちは「我慢するのが正解」とわかっていても浪費してしまう生き物です。

「貯金が大事なことは理解しています。でも、気づくと月末にはお金がなく、貯金が増えません」

「ショー・ロー・トーを教わって、浪費を減らそうと心がけているんですが、計画通りにお金を貯めることができません」

家計相談に乗っていると、そんな声を聞くことが少なくありません。むしろ、お金が貯まらないことに悩んでいる人がよく口にする定番フレーズと言えます。

ここには、お金が貯まらない人の抱える大きな問題が隠れています。

それは、無駄遣いしている、浪費になっているという自覚がないままお金を使っていることです。これではお金が貯まりません。

たとえば、「特売だから」、「数量限定だから」、「特別キャンペーン中だから」……と必要でもないものを買ってしまったとしましょう。そのとき、「いつか使うものだから」と理由を付けて支出の仕分け先を「消費」にしてしまうのです。

こうした支出の積み重ねによって家計はじわじわダメージを受けていき、「貯蓄」に回るはずだったお金が「安かったから」「キャンペーンでおトクだったから」といった理由で消えていきます。

ここまで読んで「自分もやっているかも」と心当たりがあるなら、注意してください。

貯められる人になっていくためには、「ショー・ロー・トー」の考え方で家計を把握していくだけでなく、お金を使うときの感覚を変化させていく必要があります。

とはいえ、何か大掛かりな意識改革が求められるわけではありません。わかっていても浪費してしまう心理に対して、ちょっとしたブレーキを掛ける方法があります。


「この支出は必要？　今、欲しいと思っただけじゃない？」

お金を払う前に、この質問を自分に投げかけてみてください。

・必要＝ニーズ

・欲しい＝ウォンツ

今、買おうとしている物、払おうとしているお金はどちらに当てはまるだろう？ と。そうワンクッション入れるだけで、衝動買い的な浪費にブレーキが掛かります。

¥「買いたいな！」「欲しいな！」と強く思ったときほど、「本当に必要？」と問いかける

私も30代になってから、財布を開くときはこの質問を自分に投げかけるようになりました。それでも時々、衝動買いをして後悔することはありますが、20代に比べると大きく状況は改善されています。

なぜなら、お金を使う前に、自分に対して「必要だから買うのか」「単に欲しいから買うのか」を問いかけると、ハッと気づくからです。

「あ、今、自分は『単に欲しいだけ』を『必要だから』にすり替えて、『浪費』を『消費』にしようとしている」と。私は物欲が強い方なので、欲しい物がたくさんあります。お金を自由に使っていいよと言われれば、あるだけ全部使えると思います。

でも、ニーズとウォンツで考えると、「欲しいと思って買うものすべてが必要なものではない」とすぐにわかります。

同時に自分に備わっている「欲しい」を「必要」にすり替える能力の高さにも気づきます。単に欲しいと思って買っただけなのに、「なんで買ったの?」と聞かれると「かくかくしかじかで必要である」と理由をいくらでも後付けできるという……恐ろしい能力です。

あなたも衝動買いを家族に言い訳するなど、似たような経験をしたことがあるのではないでしょうか。こんな使い方をしているとお金は貯まりません。実際、貯金ができないと悩んでいる人の家計をチェックすると、ウォンツに流されたお金の使い方が目立ちます。

「買いたいな!」「欲しいな!」と強く思ったときほど、「本当に必要?」と問いかけるようにしていきましょう。

●まとめ
3章では1年かけて、あなたの家計を貯金のできる体質へと導いていきます。

その取り組みの最初の2ヶ月は「ニーズとウォンツ」を意識することから始めましょう

あなたが「65歳、貯金なし」で定年退職を迎えたとしたら？

そもそも貯金は誰もがすべき、「本当に必要」な備えなのでしょうか。

あなたはどう考えていますか？

私はこんなふうに説明しています。

今世紀に入っても平均寿命は延び続け、いよいよ「人生100年時代」と言われるようになりました。とはいえ、高齢者のうち、85歳以上の6割近くは要介護認定を受けていますし、60代、70代になると何かしらの治療をしながら生活しています。

当然、介護にも通院にもお金は必要です。定年後の雇用延長や高齢者向けのアルバイト、パートなど、働き続けられる場は増えていますが、現役時代のような収入は見込めません。

そこで頼りになるはずの年金はと言うと、それだけでは生活費を賄うことはできず、生き抜くためのお金は自分で用意しておく必要があるわけです。

しかし、今までは当たり前だった退職金制度を廃止する企業も増えています。私たちの親世代のサラリーマン家庭ではスタンダードだった退職金＋年金で老後の見通しを立てることも難しくなってきているのです。

仮にあなたが65歳、貯金なしで定年退職を迎えたとしましょう。

一夜にして大金が舞い込んでくるミラクルが起きるのは、映画やドラマ、小説の世界でのこと。宝くじでも当たらない限り、老後の生活を盤石にする資金は手に入りません。厳しいですが、これが現実です。

つまり、貯金は今のあなたから未来のあなたへ送る、備えのためのお金。「ショー・ロー・トー」の「投資」の中に貯金が含まれているのは、そのためです。気がついたときから貯金をする習慣を作ること。それが、長い人生を豊かに生きるための支えとなります。

「使う」「貯める」「増やす」3つの口座を用意し、目的別にお金を管理する

では、貯金は毎月いくらぐらいするといいのでしょうか。

私は、毎月の手取り収入の6分の1を目安にしてほしいとアドバイスしています。

たとえば、手取り額が25万円の人は、毎月約4万円を貯金に回す計算です。

ただし、この数値はあくまで目安ですので、あなたの生活スタイルやライフステージによって割合を変えてかまいません。

30代独身で、実家暮らしの方でしたら、毎月の手取り収入の5分の1、4分の1を目指すことも可能ですし、配偶者や子どもがいて住宅ローンもあり、教育費も重なってくる時期ならば、10分の1でも貯金できれば十分です。

重要なのは、毎月、コツコツと自分で決めた額のお金を貯金に回していくこと。

そのためには「使うお金」と「貯めるお金」を分ける必要があります。

そこで、あなたの家計を貯金のできる体質へと導くための3ヶ月目の取り組みとして、口

座を3つ用意しましょう。

家計相談の際、口座の状況を確認すると、独身の方には「会社から言われて作った給与振込口座、学生時代に使っていた口座、貯金用に使うかなと作ったものの使っていない口座」などがあり、家族のいる方はここに「妻の給与振込口座や夫婦共有の生活費のための口座、子どもの教育費用の口座」が加わり、わけがわからない状態になっていることが多々あります。

逆に「給与振込口座だけです」というシンプルな人もいますが、それはそれで貯金のできる家計にしていくためには物足りません。

ではなぜ、3つの口座が必要かと言うと、目的別にお金を移動して、管理するためです。

私は口座を「袋」に見立てて、「3つの袋で管理してください」と伝えています。

・1つ目の袋は「使うための口座」
ここには毎月のやりくり、急なご祝儀など突発的な支出にも対応できるお金を入れます。

言い換えれば、「生活費用の口座」です。

・2つ目の袋は「貯めるための口座」

ここはお金を貯めるための口座です。毎月の貯金の目標金額の目安は、収入の6分の1。コツコツ貯めていき、生活防衛資金を作っていきます。また、将来のマイカー購入のための資金や子どもの教育費など、目的に向けた貯金が必要なときも、この袋の中で貯めていきましょう。

・3つ目の袋は「増やすための口座」

ここは投資に充てても生活に影響を及ぼさない「余剰資金用の口座」で、証券口座を使います。老後資金は、この袋の中で増やしていきましょう。増やし方については、4章で解説します。

あなたもそうかもしれませんが、一般的には「使うための口座」と「貯めるための口座」が1つになっている家計がほとんどです。

使う、貯めるの仕分けはなく、その口座の残高＝貯金という捉え方。でも、そのままでは急な出費によって将来に送るはずだったお金が消えてしまったり、残高が増えたことで気が大きくなって浪費が増えたりといった事態を招きます。

きっぱりと「使う」「貯める」「増やす」という区切りで、お金の居場所を分けること。それがお金の貯まる家計への近道です。

具体的なやり方の一例としては、給与振込口座を「使うための口座」に使い、手数料の安いネット銀行に新たな口座を開設して「貯めるための口座」とし、証券口座を「増やすための口座」としていくといいでしょう。

そこで、まずは銀行で「使う口座」と「貯める口座」を作ります。

できれば1つの銀行にまとめたいというときは、ネットバンクが便利です。ほとんどの銀行では、「同一名義人の複数口座」は作れないことが原則となっていますが、住信SBIネット銀行やソニー銀行などは目的別の口座を複数作ることのできるサービスを行っています。

住信SBIネット銀行の場合、「代表口座」を開設すれば、最大5つまで「目的別口座」を作ることができます。

給与振込口座を「代表口座」として、「使う」「貯める」の目的別口座を作れば、1つの銀行でシンプルに管理していくことが可能です。

●まとめ
3ヶ月目は、「使う」「貯める」の2つの口座を準備する

¥「使う口座」の目標額は1ヶ月の生活費の1・5ヶ月分

2つの口座を用意したところで、いよいよ貯金をスタートさせます。

30代後半で貯金がゼロという人は少数派かもしれません。しかし、ここでは「3つの袋」の仕組みをわかりやすく伝えるため、ゼロからのスタートという設定で進めます。

最初にお金を貯めるのは、「使う口座」です。

まずは、ここに毎月の給料が入った時点で1ヶ月の生活費（家計の支出の総額）の1・5ヶ月分のお金がある状態を目指します。

あなたの手取り額が25万円で、毎月の生活費が24万円。残りの1万円はなんとなくの残金となっていて、それも急な出費などで消えており、貯金はゼロだとしましょう。

この設定の場合、「使う口座」の目標額は1ヶ月の生活費24万円+0・5ヶ月分の12万円ですから、36万円となります。

ちなみに、0・5ヶ月分は何かと言うと結婚式のご祝儀や急な通院治療代など、突発的な支出をカバーするためのお金です。普段の生活費に加えて、0・5ヶ月分の余剰金があることで心に余裕が生まれ、毎日の暮らしが安定します。

先程、「貯金額は、毎月の手取り収入の6分の1を目安に」と書きました。手取り額が25万円の人は、毎月約4万円。3ヶ月続けると、12万円になり、振り込まれた給料と合わせて、「使う口座」の額が36万円を超えます。

つまり、貯金スタートからの3ヶ月の目標は「使う口座」を満たすことです。ただし、貯金ゼロからのスタートで36万円を目指す場合、この3ヶ月間だけ、4つ目の袋を使うというイレギュラーな対応を取ってください。これは、先取り貯金用の袋です。

給料が振り込まれた時点で4万円を引き出し、先取り貯金。封筒に入れるなり、使っていない財布などにしまうなりしましょう。

これまで貯金をする習慣のなかった人ほど、「使う口座」の中で「この4万円は使わない」と決めたとしても、いつの間にか使ってしまう可能性が高いからです。3ヶ月分、12万円が貯まるまでは物理的に切り離し、保管しておくことをお勧めします。

そして、3ヶ月分が貯まったところで「使う口座」に入金。これで次の月からは生活費の1・5ヶ月分の金額が入った「使う口座」ができあがります。

「使う口座」内の金額の変動は気にしすぎないこと

「使う口座」はその名の通り、生活に使うためのお金を入れる袋です。

こうした家計とお金の本では、話をわかりやすくするため、毎月の支出を一定額で表記していきがちです。でも、実際の家計はそうではありません。

お正月休みのある年末年始、ジューンブライドで結婚式ラッシュがやってくる6月、旅行に行くことが増える夏休みなど、支出がぐっと多くなる時期があります。

すると、一時的に「使う口座」の金額が1・5ヶ月分を下回る場面が出てくるわけです。

家計相談を受けていても、普段はうまく家計をコントロールできているのに、12月、1

月は支出が増えて「使う口座」のお金が減り、「使いすぎちゃいました」「甥っ子、姪っ子へのお年玉の出費が痛くて」と落ち込む方がいます。

しかし、こうした一時的な支出の増減は、あまり気にしないでください。

その揺らぎを受け止めるため、0・5ヶ月分の余力を設定しているわけですから。使わざるをえないときはあります。数万円多く生活費が必要な月もあるでしょう。大切なのは、そのタイミングで大きなショックを受けて、「もういいや」と貯金習慣を投げ出してしまわないことです。

12月、1月で使いすぎたなら、その分のお金を2月、3月、4月の3ヶ月の支出の節約で挽回するような感覚で向き合いましょう。

●まとめ

4ヶ月目、5ヶ月目、6ヶ月目の3ヶ月を使い、「使う口座」に生活費の1・5ヶ月分の金額を貯めていく

うまくいかない月があっても、貯金習慣を投げ出してしまわないこと

「貯める口座」の目標額は、毎月の生活費の6ヶ月分

「使う口座」のお金は生活で使うため、次の給料日に向けて徐々に減っていきます。しかし、「ショー・ロー・トー」の使い方が実践できていれば、次の給料が入ることでまた1・5ヶ月分か、それ以上の金額に戻るはずです。

そして、「使う口座」の預金額が給料日後に安定して1・5ヶ月分以上になってきたら、「貯める口座」を満たしていくステップに入りましょう。

「貯める口座」の目標額は、毎月の生活費の6ヶ月分を最低ラインとします。

毎月の手取り収入が25万円で、生活費が24万円なら、144万円が目標額となります。

この6ヶ月分の生活費は生活防衛資金です。

・急激な景気後退で仕事をリストラされてしまった
・病気や怪我で一時的に収入が途絶えてしまうことになった

・家族の介護で実家に戻るため、引っ越し費用が必要になった
・転職のために2ヶ月間仕事を休むことになった
・交際相手にプロポーズすることになった

人生には良いことも悪いことも含めて、予想外の出来事が起きます。そして、予想外の出来事に対応するためには、お金が必要になることがほとんどです。

そんなとき、慌てず、焦らず、大人の余裕を見せるための資金を貯めておくのが、「貯める口座」の役割。生活費の6ヶ月分のお金があれば、次の仕事を探す間の生活やキャリアアップのための準備期間の暮らしを支えるなど、大抵の予期せぬ出来事を乗り越えることができます。

もちろん、6ヶ月分以上のお金があって困ることはありません。1年分くらいはないと不安という人は、目標額を引き上げてください。ただ、ゼロから貯める体質作りにチャレンジする人は、高い目標を立てすぎてもプレッシャーになるので、まずは6ヶ月分を目安にしましょう。

ちなみに、月の手取り収入の6分の1の先取り貯金を3年続けると、手取り年収の半分

が貯まる計算です。毎月25万円の収入ならば、月に約4万円貯金すると、3年で144万円。生活費6ヶ月分の生活防衛資金が貯まります。

家計相談をしていると、よく「貯金はどれくらいあればいいんでしょうか?」と聞かれます。そのとき、お伝えする基準が、「使う口座」と「貯める口座」を満たした状態です。

まずは最低限の目標として7・5ヶ月分の生活費を貯めること。それがお金の不安のない強い家計の土台となります。

¥ 給料日ごとに「貯める口座」へ収入の6分の1を先取り貯金として移していく

「貯める口座」への貯金の仕方は、シンプルです。

「使う口座」の1・5ヶ月分が満たされたら、その後は給料日ごとに「貯める口座」へ収入の6分の1を先取り貯金として移していきます。

繰り返しになりますが、大切なのは最初に「貯める口座」へ入れる分を取り分けて、残りのお金で生活すること。生活費を支出した後、余った分を「貯める口座」へという考え方では、必ず挫折します。お金は基本的に、あればある分だけ、使ってしまうものだからです。

仮にあなたが「自分で給料日に給与口座から引き出して、『貯める口座』に移していく作業」を続けられるかどうか自信がないということであれば、天引きの仕組みを活用しましょう。

各銀行には積立定期預金の仕組みがあります。給料日を積み立て日に設定しておけば、自動的にお金が移動していきます。また、勤めている会社に給与天引きでお金が貯まる社内預金や財形貯蓄の制度が用意されている場合もあるでしょう。

こうした仕組みを使い、3年間、自動で天引き貯金を続ければ目標額が貯まります。その後、「貯める口座」にお金を移し、自分で管理するという形も方法の1つです。

「使う口座」を満たした後の3ヶ月を使って、「貯まる口座」にお金が入っていく仕組みを整備しましょう。

●まとめ

「貯める口座」の目標額は、毎月の生活費の6ヶ月分

毎月の生活費が24万円なら、１４４万円。収入の６分の１である４万円を目安に貯めていくと、３年で到達する

７ヶ月目、８ヶ月目、９ヶ月目の３ヶ月を使い、「貯める口座」に毎月の収入の６分の１を貯金に回す仕組みを作ること

「増やす口座」には、証券会社の証券口座を使う

「使う口座」を満たし、「貯める口座」へ毎月の収入の6分の1が貯まる仕組みが整ったら、貯める体質作りの最後のステップに入ります。

3つ目の袋「増やす口座」の準備です。

「増やす口座」は長期間の運用によって、老後の資金など、将来に向けたお金を増やすための投資用の袋です。口座の種類としては、株式投資などを行う証券口座を使います。

具体的な運用の方法は4章で解説しますが、基本的な考え方は「使う口座」「貯める口

座」が整ったら、「増やす口座」である証券口座にお金を入れていき、投資信託を購入してコツコツお金を増やしていきます。

短期的な株の売買で勝負するのではなく、時間を味方につけながら10年、20年スパンで数千万円単位の貯蓄を作るのが目標です。

貯金ゼロ円から貯められる体質作りを始める人にとっては、1000万円、2000万円という額は途方もなく大きな金額に思えるかもしれません。しかし、30代から20年、30年かけて着実にお金を積み上げ、運用していけば十分に実現可能です。

貯められる体質作りの最終段階である最後の3ヶ月は、「増やす口座」の開設と継続的に使いこなしていくための心構えを学ぶことに使っていきましょう。

¥ 「貯める口座」と「増やす口座」で、貯金と投資を併走させる

しかし、ここまで読んで、あなたはこんな疑問を持ったのではないでしょうか。

「使う口座」はともかく、「貯める口座」が満たされるまで待っていたら、「増やす口座」に取り掛かるのは2年、3年先の話になるのではないか？　と。

たしかに、貯金ゼロ円の人が収入の6分の1を貯金に回していく場合、そうなります。30代後半という年齢を考えると、ここでの2年、3年の投資、運用への足踏みは非常にもったいない時間のロスです。

そこで、こうした場合、家計相談でも「貯金と投資を併走させるのはいかがでしょうか」と提案し、「支出の再検討」をお勧めしています。

特にゼロから貯まる体質作りに取り組んでいる人は、このタイミングで改めて「支出の見直し」を行いましょう。これは「使う口座」を意識した取り組みです。

2章で「浪費」を見つけ出し、節約していくためのステップを紹介しました。

①「消費」の中にある「浪費」、「投資」の中にある「浪費」を見つける
②仕分けによって増えた「浪費」の中に減らせる支出はないかチェックする
③実際に「浪費」の節約にチャレンジしてみる
④節約したお金を「投資」に回す行動を起こす

この4つのステップで、自分のお金の使い方について再検討しましょう。改めて、今の支出をしっかり把握し、削れるところを削っていきます。

「増やす口座」に入れる資金を作るため、改めて支出を見直す

支出の再検討時に狙い目となるのが、「消費」の中の「固定費」です。一度、削ることができれば節約効果が続く分、「増やす口座」へ回す資金作りに適しています。そこで、次のようなポイントを確認し、あなたの家計でも節約できる可能性があるかどうかを検討してみましょう。

●生命保険の内容はあなたの生活に合っている？

あなたは自分の加入している保険の内容について、きちんと理解をしていますか？
生命保険は、無駄の多い固定費となっているケースが少なくありません。なぜなら、人

生のステージによって必要な保障が異なるからです。

実際、家計相談においても保険料が高すぎる方を多くお見受けします。家族のいる家庭では、毎月10万円を超える金額を負担しているケースもありました。

もちろん、すべてが無駄ではありませんが、今の年齢で必要な保障がついていなかったり、同じ内容の保障が重複していたり、効果の薄い貯蓄型の保険に加入していたりと、見直す余地のあるケースがほとんど。

独身の30代会社員の方に多いのは、入社時に保険会社のセールススタッフに言われるまま、加入し、一度も見直しをしていないパターンです。

年齢や生活状況の変化に合わせて保険の内容を見直すと、固定費が軽減される可能性は十分あります。

●格安スマホで通信費の削減を

家計相談では、固定費の削減に格安スマホをお勧めすることがよくあります。

格安スマホが合う人は、通話量が少ない人が中心ですが、最近はプランも充実し、様々な選択肢が増えてきました。

テレビコマーシャルも頻繁に流れ、格安スマホの普及はどんどん進んでいる印象もありますが、最近の講演でも100名くらいの方に「切り替えした人！」と聞いたところ、10人程度しか挙手していただけません。まだまだ切り替えを実行している人は少数派のようです。

最近は大手キャリアも安いプランを出しています。契約プランの見直しだけでも固定費の削減効果はありますが、安さという面では格安スマホは際立っています。ですからプランの見直しよりも切り替えによって固定費を大きく削減することが可能です。

格安スマホは契約プランがいくつかあり、パケット量の違いだけではなく、音声（通話）機能が付いているのか、SMS（メッセージ機能）が付いているか、データ（インターネット）のみかといったタイプがあります。

切り替えを前提に検討し、自分の生活に合うプランが見つかったら、行動に移しましょう。毎月数千円単位、年間で数万円の固定費削減が見込めます。

●マイカーを手放してカーシェアリングを選択肢に

もし、あなたが自家用車を所有しているのに使用する頻度が少ないのなら、カーシェアリングの利用の検討をお勧めします。

カーシェアリングはカーシェアリング会社に会員登録をすることで、手軽に利用できるサービスです。

利用したい日時をＷｅｂで予約し、近隣のステーションに停まっているクルマをピックアップ。利用時間の単位は10分、15分と会社によって異なりますが、料金は10分２００円や15分３００円など、非常にリーズナブルです。

保険への加入やガソリンの補充も必要なく、整備等はカーシェアリングの会社がやってくれます。契約する会社により、入会金がかかったり、月額基本料金がかかったりしますが、それでも保有するよりは低コスト。利用した分だけ料金を払えばいいので、気軽に利用できます。

デメリットは空きがなければ使えないこと。用意されている車の台数は年々増えていますが、多くの人が利用したい時期、連休や夏休み、年末の買い物シーズンなどは予約が取りにくいこともあります。それでもカーシェアリングを選択肢に入れると、固定費における「自動車代、その関連費用」が大幅に削減できます。

自動車ローン、ガソリン代、自動車保険料、車検費用、整備費用、そして都心では月に数万円かかる駐車場代などがかからなくなります。

もちろん、自家用車に人一倍愛情を持っていて、唯一の趣味といった場合は固定費削減よりも、愛車でのドライブによる充実感を大切にしてください。また、自動車がないと暮らしにくい地域の人は無理に利用しないでください。何もかも無駄と削るような節約を伴う貯金は、長続きしません。

●電力会社・ガス会社を乗り換える

電気とガスも自由化により、料金の安い会社と契約が可能になりました。

削減効果は生命保険の見直しやカーシェアリングに比べると小さいですが、確実に毎月の支払額が減少します。

乗り換えの手続きも電話やWebでの申込みの後、書類をやりとりするだけ。家族構成や使用量によっては削減されないケースもあるのでシミュレーションサイトを活用して、自分の使い方に合う会社を探してみましょう。毎月の光熱費を数百円単位で節約できます。

削ることのできた「固定費」の分、あなたの家計から「消費」の支出の割合が下がります。

こうして作った余剰資金を「増やす口座」に回していきましょう。つまり、「貯まる口座」への貯金は収入の6分の1というペースで進めながら、ここで浮かせた毎月数千円のお金を「増やす口座」へ。こうすることで、貯金と投資を並行して進めることができるわけです。

なぜ、「増やす口座」で投資、運用を始めた方がいいのか？

なぜ、数千円の少額でも貯金と並行して「増やす口座」にお金を入れ、投資、運用を始めた方がいいのでしょうか。それは、お金は急には貯まらないからです。

「貯める口座」は万が一収入が途絶えても生活に困らないための袋でした。一方、「増やす口座」は人生100年時代を見据えての袋。定年後も続く長い将来に向けて、コツコツ投資をしていくことで備えていきましょう。

もしかすると、あなたの中には「投資は怖い」「損をする」「投資なんて敷居が高い」というイメージがあるかもしれません。

しかし、今は100円から投資を始められる環境が整い、複数の商品を組み合わせた「投資信託」への投資であれば、初心者でもリスクを分散して運用することができます。新型コロナウイルス感染症の影響で市場が乱高下するような状況では、怖さを感じて当然ですが、10年スパンの長い目で見ると運用によって貯蓄が増える可能性の方が高いのです。

投資は早めに始めることで、時間を味方につけることができ、複利（利息にもさらに利息がつくこと）の恩恵も増していきます。たとえ少額からのスタートであっても、「貯める口座」と並行しながら「増やす口座」で運用していくことは、あなたの将来に大きな利益をもたらすことになるのです。

長らく日本人は、貯金一辺倒でしたが、ようやく投資に興味を持つ人たちが増えてきました。

心配なのは、投資ブームに乗る形で投資への知識が乏しいまま、「一攫千金を狙いたい」と運用を始める人も増えていることです。個別銘柄の投資やFXなど、短期的に儲けを目指す運用は投資ではなく、投機です。

「増やす口座」では、長期分散積み立て投資を基本にしていきましょう。

証券口座の作り方、証券会社の選び方

続いて、「増やす口座」として使う証券口座について説明します。

証券会社には、店頭で金融商品を直接売買する店舗型と、インターネットで取引するネット証券があります。

店舗型では、担当者から情報やアドバイスをもらえるので、その方が安心だと思う人もいるでしょう。しかし、私のお勧めは、ネット証券です。

なぜかと言うと、店舗型の証券会社は総じて「取引手数料が高く、口座開設料、管理費がかかることが多い」からです。その点、ネット証券はパソコンやスマートフォンと通信環境があれば、いつでも売買や換金の注文を出すことができます。そして「取引手数料が安く、口座開設料、管理費が無料であることがほとんど」です。

また、先程触れた月々100円から積み立てられる金融商品を扱うのもネット証券。つまり、手数料や利便性の面では圧倒的にネット証券に軍配が上がるのです。

とはいえ、対面でのアドバイスを受けられないことに一抹の不安を抱くかもしれません。

しかし、4章で私が勧める長期分散の積み立て投資は、基本的に投資信託をコツコツ積み立てていく手法で、アドバイスが必要な状況はほとんどありません。必要な情報はインターネット上で得られますから、パソコンやスマートフォンに抵抗がなければ、ネット証券を選んで間違いないでしょう。

そんなネット証券のうち、信頼度が高いのが、SBI証券、楽天証券、マネックス証券、カブドットコム証券。どこで証券口座を開いても100円から投資信託の積み立てが可能です。

●SBI証券……ネット証券では口座数がナンバー1。売買手数料が安く、商品が豊富で、SBI銀行と連携すると普通預金の金利が優遇される。

●楽天証券……取引に応じて楽天市場で使えるポイントが付く。楽天銀行と連携すると普通預金の金利が優遇される。

●マネックス証券……積み立てで購入した投資信託の申込手数料をキャッシュバックして、実質無料とする「ゼロ投信つみたて」サービスも。

●auカブドットコム証券……2019年12月、カブドットコム証券から上記に変更。

積立日は自分の好きな日を選べます。

口座を開設する証券会社を決めたら、その会社のWebページにアクセスし、ネットから口座開設の申し込み手続きをします。

その際にはあなたのマイナンバーカードと運転免許証やパスポートなどの本人確認書類、続柄を確認するための戸籍謄本（全部事項証明書）などが必要となります。個人番号カードを持っていない人は、マイナンバー通知カードを用意しましょう。

ほとんどのネット証券で、必要な書類をスキャンしたり、デジカメやスマートフォンで撮影したりしてデータを用意し、それをアップロードすればユーザー側の手続きはすべてネットで完結します（郵送でのやり取りも可能です）。

手続き終了後、口座番号やパスワードなどが郵送で届き、ログインをすると取引スタンバイの状態になります。

これで「増やす口座」の準備が整いました。

証券口座開設手続きで戸惑うポイントについて

ちなみに、口座開設手続きで初心者が戸惑うポイントに、「特定口座・一般口座」と「源泉徴収のあり・なし」の選択があります。

「特定口座」「源泉徴収」など、聞き慣れない言葉が並び、ハードルの高さを感じるかもしれませんが、最初は「特定口座」「源泉徴収なし」を選べばＯＫです。

その理由は、面倒が少なくおトクだから。

「特定口座」と「一般口座」の違いは、「年間取引報告書」という書類を自分で作るか、証券会社が作ってくれるかの違いです。

貯金ゼロ円から貯められる体質作りをスタートさせた場合、まだ先の話になりますが、将来的に投資によって年間20万円以上の利益が出たとき、確定申告をし、税金を納めることになります。年間取引報告書はその際に必要となる書類で、年間の売買の履歴や損益を計算し、まとめたもの。一般口座の場合、取引の損益の計算など、手間のかかる書類作成を自分でやらなければなりません。

ところが、特定口座なら証券会社が年間取引報告書を作ってくれるのです。

そして、「源泉徴収あり」と「源泉徴収なし」の違いは、次の通りです。源泉徴収ありでは、必要な手続きを証券会社が代行してくれるので、確定申告の必要がありません。逆に源泉徴収なしの場合、確定申告の手続きを自分で行うことになります。

そう聞くと、手間のかからない源泉徴収ありの方が良さそうな気がしますよね。でも、こちらを選ぶと利益が20万円以下の場合でも、利益が発生した時点で約20％の税金が自動的に徴収されてしまいます。

私がお勧めする投資信託を使った長期分散の積み立て投資では、最初のうちの利益はわずかなもの。しかも長期ですから、しばらく売却しないので、売却益は20万円には達しません。なので、「源泉徴収なし」「特定口座」の組み合わせが、面倒が少なくおトクです。

どうしてお金を貯めるのか。貯めたお金で何をしたいのかを考える

ここまで「使う口座」「貯める口座」「増やす口座」と3つの袋を順番に追いながら、貯められる体質になるためのステップを解説してきました。

最後に、貯められる体質を維持し、継続するために重要なことを1つお伝えします。それは、何を大切にしてお金を貯めるのか。自分の価値観をはっきりさせることです。

支出の見直しを真剣にやっていたとしても、完璧な人間なんていませんから、「今日は飲み代がかかりすぎちゃったな」「スマホゲームだけはやめられない！」といった「浪費」が生じることはあります。

それはそれでかまいません。何かへの依存心があっても、意志が弱くてもいいのです。

しかし、「自分はこれを大切に思う」という根本の思いがなければ、あらゆることに流され続ける人生になってしまいます。

貯められる体質の人たちは、節約や家計のやりくりを重要視しつつも「使わない」一辺倒

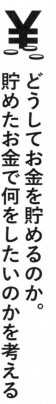

ではありません。自分にとってどんな使い方、貯め方、節約の仕方が合っていて、価値があるのかを真剣に考えています。

「使う口座」「貯める口座」「増やす口座」の解説どおりにお金を動かしていけば、必ず貯金は増えていき、家計は安定します。

しかし、それが無理なく持続し、長期的に「増やす口座」が機能して、不安のない強い家計ができあがるかどうかは別の話となります。

なぜなら、本人のモチベーションなしにノウハウだけを真似た貯金は続かない可能性が高いからです。どうして自分はお金を貯めるのか。貯めたお金で何をしたいのか。どう使うことで、幸せを感じるのか。そういった問いを自分に投げかけ、納得できる答えを出すこと。これが貯めるためのノウハウ以上に重要な取り組みです。

なんで貯めているのかわからないけど、年齢的に貯金をしていなくちゃな……と。

そういった感覚のままでは、本当の意味で貯められる体質にはなれません。

◆付き合っている相手と再来年に結婚式を挙げるために貯めたい

◆キャリアアップのため、海外留学したいから貯金を始める

◆早期退職してビジネスクラスの世界一周航空券で世界を巡りたい

こうした目標を立てて、「貯める口座」と「増やす口座」を並行して動かしていけば、その人のモチベーションは持続していきます。

今年中に実現したいこと。5年後に実現したいこと。20年後に実現したいこと。

そんなふうに時間軸を伸ばして、小・中・大の目標を立てましょう。貯めるためのノウハウにプラスして、自分なりの目標を立て、お金の価値観を持つことがあなたを貯められる体質にする最後のピースとなります。

●まとめ

10ヶ月目、11ヶ月目、12ヶ月目の最後の3ヶ月は、「貯める口座」と「増やす口座」を並行して進める準備に使う

「増やす口座」に回すお金を作るため、支出を見直し、再検討する

「増やす口座」として「証券口座」を開設し、投資信託での運用の準備を整える

自分がなぜ、お金を貯めるのか。目標を棚卸しする

第 4 章

家計改革3年目

39歳、投資でお金に働いてもらう家計に

¥ お金を増やすためにできることは3つだけ

本書では、37歳からの3年計画で「お金の不安」を解消し、強い家計を作ることを目指しています。

1年目の家計の把握と支出のコントロール、2年目の貯められる体質作りに続き、いよいよ3年目、お金を増やすことのできる仕組みを整えていきましょう。

大前提として私たちがお金を増やすためにできることは、大きく分けて次の3つしかありません。

1. 毎月の収入金額を上げること……6章で「副業」を取り上げます
2. 毎月の支出金額を減らすこと……2章と3章の取り組みを実践しましょう
3. 運用などでお金を増やすこと……4章のテーマです

4章で取り組むのは、「3」の「運用などでお金を増やすこと」です。

長期運用の投資を早めに始めることで、時間を味方につけることができ、複利（利息にもさらに利息がつくこと）の恩恵が増していきます。

そもそもお金は勝手に生まれることもなければ、増えてもくれません。

まずは、働いて収入を得ることがすべての始まりとなります。何を当たり前のことを……と思われるかもしれません。しかし、働かないと得られないのがお金です。

次にできるのは、「支出を抑えること」です。

2章と3章で詳しく解説しましたが、お金の使い方を見直し、必要ではない支出を減らしていくこと。「ショー・ロー・トー」の考え方を役立て、うまく節約できれば、働いて得た収入がきちんと手元に残るようになります。

では、資産運用でお金を増やすというのは、どういうことでしょうか。

ここで言う運用とは、あなたの持つ資産をやりくりして増やしていくこと。利益を得る目的で、金融商品などに投資することです。

言い換えるなら、「お金に働いてもらって、自ら増えてもらうこと」と言ってもいいでしょう。広い意味では銀行口座での貯金も運用の一種ですが、金利が非常に低い今、ほとんどお金は増えません。

そこで、より良い利回りが期待できて、なおかつリスクの少ない投資先を選び、あなたも仕事で稼ぐ一方、お金にも働いてもらい少しずつ増えてもらいましょう……と。これが基本的なスタンスとなります。

可能な範囲で「お金に働いてもらう」取り組みを始める

資産運用は「貯める口座」と「増やす口座」を並行させながら、少額からでも「始めてみる」ことが大切です。

投資未経験の人ほど、「運用」と聞くとハードルの高さを感じるようですが、日本ではここ数年「iDeCo（個人型確定拠出年金）」「つみたてNISA」（詳しくは後述）など、長期にわたって分散投資が可能で、なおかつ税が優遇される投資制度ができました。

もちろん、まったくリスクがないわけではないですが、長期的にみれば預貯金よりも利回りが期待できる資産運用の制度です。

たとえば、「ｉＤｅＣｏ」では銀行の定期預金など元本が保障される積み立て型の商品を選ぶことができます。ただの定期預金と違うのは、「ｉＤｅＣｏ」にすると運用した分のお金が非課税になり、所得控除が受けられること。

つまり、コツコツお金を増やしながら、支払う税金が安くなるので、その分、家計が強くなるわけです。資産運用にどうしても抵抗がある人まで無理をすることはないですが、始めてみるかどうかを検討する価値はあると思います。

人生１００年時代と言われる時代に、定年退職後の年月を年金など国の保障だけで生活するのは難しく、かといって貯金を取り崩しながら生きるだけでは不安が膨らみます。

30代、40代は働いて稼ぐことで家計が回る分、危機感を抱きにくいですが、今からでも気がついたときに可能な範囲で「お金に働いてもらう」取り組みを始めるべきです。

それが確実な備えになります。

たとえば、「老後２０００万円問題」。ファイナンシャル・プランナーをはじめ、お金の専門家にとって老後にまとまった額のお金が必要になるのは驚く話ではありませんでした。

その額が２０００万円なのか、１５００万円なのか、３０００万円なのかは個々の家計によって異なりますが、１００万円、２００万円では足りないのは確実です。

ところが、このニュースは試算した官僚の予想を超えて大きな話題になりました。それは「２０００万円！」と聞いたことで、多くの人がそれだけの額を急に作ることはできないと気づき、慌てたからです。

老後の安心資金を作るために、運用を始めるべき2つの理由

では、どうすれば老後の安心資金を作ることができるのでしょうか。その有力な選択肢が運用です。コツコツと時間をかけて資産運用に取り組めば、お金は10年、20年、30年かけて複利効果とともに増えていってくれます。

そして、資産運用に取り組むべき理由はもう１つあります。

こんな質問をさせてください。

「30年前の１００万円と、現在の１００万円。価値は同じですか？」と。

平成元年に導入された消費税は3％、5％、8％ときていよいよ10％になりました。食料品や日用品をはじめとした物価も上がっています。かつて100万円で売られていたものも、今では100万円では買えません。

100万円の貯金を、そのまま金利のほぼつかないと言ってもいい普通預金に置いておくと、額面の数字としての100万円は減りはしませんが、価値は下がる可能性があるわけです。目減りするダメージは、貯金額が200万円、500万円、1000万円と増えれば増えるほど大きくなります。

資産を増やすため、目減りから守るため。この2つが、できるだけ早いうちに投資を始め、資産運用を続けていくことをお勧めする理由です。

では、お金の不安のない強い家計を作るのに適した投資とはどのようなものでしょうか。完璧な正解はありませんが、私が家計相談を通じて見てきた正しいお金の働き先は、長期、分散、積み立てで運用することのできる投資信託です。

個別銘柄の株式投資よりも圧倒的にリスクが低く、将来のためにゆっくりと資産を増やしていける投資と言えます。

とはいえ、リスクはゼロではありません。ただし、リスクを恐れすぎる必要もまた、ありません。

¥ 「コロナショック」のような突発的な経済ショックが起きたら？

まさにこの原稿を書いている時点で、世界中の市場は「コロナショック」と呼ぶべき状況になっています。世界的に株価が大きく下がり、日経平均株価は1年2ヶ月ぶりに2万円台を割り、その後も下げ幅は大きく1万6000円台も見えてきています（2020年3月11日現在）。

これまで私の著書『はじめての人のための3000円投資生活』などで、初心者向けに投資信託による長期分散投資を勧めてきた私のところには、SNSなどを通じて「一度、売却すべきでしょうか？」「これまでの利益が全部吹っ飛びました。現時点で100万円以上の損失が出ています」「投資で儲けようと思ったこと自体反省です」といった声がたくさん届きました。

また、とてもここでは書けないような痛罵をいただくこともあります。

これは無理のないことです。

目の前で自分が投資している投資信託の評価額が下がっていけば、誰もが不安になります。特にそれが初めての資産運用であれば、「このまま続けていっていいのかな?」と悩んでしまうはずです。

しかし、不安に負けて、せっかく積み立ててきた投資信託を手放すことは、お勧めできませんとお伝えしています。

大きく下がったときこそ、「ｂｕｙ&ｈｏｌｄ」。手持ちの資金に余裕があるなら、投資信託を買い足し、余裕がなかったとしても、そのまま保有し、運用を続けるのが鉄則です。『はじめての人のための3000円投資生活』などの本や、本書でこれからお勧めする長期的な資産運用の方法は、「コロナショック」のような突発的な経済ショックが起きることも踏まえて考えられています。

2007年のサブプライムローン問題、2008年のリーマンショック。そして、2009年のギリシャショック、2011年の東日本大震災……。市場は幾度も大きく下がり、回復してきました。

私も1人の個人投資家として大変な時期を経験しましたし、家計相談にいらした方、読者の方も、乱高下する市場を体験されています。

日経平均株価で言えば、ここ数年は1万円台後半から2万円台が当たり前の数字になっていました。しかし、一時は1万円台を割り、7000円台という時代もあったのです。

もし、その時期に積み立て投資を始め、長期間運用していたらどうでしょう?

運用は経済状況に関係なく、いつ始めても構わない

1万円割れで買い増していった投資信託は、価値を上げていき、複利効果が加わり、大きな利益をもたらしてくれたはずです。実際、2020年の現時点で、大きな成果を手にしている人は、株価の低かった2000年代前半から長期分散投資をしている人です。

現在、世界経済の先行き不安から景気は落ち込み、世界中の株価にそれが大きく反映され、積み立ててきた投資信託の評価額は下がっています。

しかし、過去を振り返ると、どんな暴落が起きてもそれがずっと続くことはありません。世界経済が永遠にマイナスのままということはなく、数年、長くても10年で回復し、暴落前の水準以上に成長していきます。

本書でお勧めする投資先は、投資信託の中でも「インデックスファンド」と呼ばれ、日本や世界の経済成長とともに利益が出る運用方法です。

投資初心者の方が初めての運用を開始するとき、心配することの1つが「今は投資に適しているのか」という問題です。

「コロナショック」の今、運用を開始するのは勇気のいることでしょう。しかし、逆に日経平均株価が2万円台で安定していたときは、「そのうち下がるのでは」という不安もあったはずです。

私は「運用はいつ始めても構わない」を持論としています。

というのも、運用を開始するタイミングに慎重になる必要があるのは、一度に大金を投資する人だけだからです。何百万円分の投資信託を一気に購入した場合、高値を掴み、長期間にわたり含み損を抱えてしまう危険があります。

しかし、長期分散の積み立て投資ならそのリスクを大幅に軽減できます。

長期の積み立ては少しずつ投資額を増やせるだけではなく、時間の分散にもなります。小刻みな投資が、その時々で変動する相場に対応。価格が高いときは購入数量が少なくなり、安い時には多く購入できます。

つまり、値動きにかかわらず毎月決まった額を購入し続けることで、結果的に平均購入単価を抑えることになるのです。

実際、投資信託は20年保有し続けると、損失を出す人はほぼおらず、多くは2～6％の利益を出しているというデータもあります。

大事なのは「長期」「分散」「積立」という投資の大原則を守りつつ、時間と複利を味方につけること。

今のようにスタート時点の状況が悪いのは、「ジャンプするために、しゃがんでいる状態」。時間をかけて運用することで大きな成果が得られる可能性が高まっているとも言えます。

安く買えた投資信託は、将来大きく育っていくのです。

どうなるのか悩みながら運用を始めるのをやめるのではなく、ここがチャンスと見て、コツコツ積み立てていくことが、10年後、20年後のあなたにとって良い未来を招きます。

不安な時期だからこそ、最初の1ヶ月は「運用を始める気持ち」を固めることに使いましょう。

●まとめ
お金を増やすことのできる仕組みを作る3年目
最初の1ヶ月で、運用を始める気持ちを固めていく

複利のメリットは、運用年数が長くなるほど、利息が増えていくこと

3章で「増やす口座」として使う証券口座の開設の仕方を解説しました。口座を開くとすぐ運用してみたくなるところですが、その前にあと2つだけ、お伝えしておきたい基礎知識があります。

1つ目は「複利」について。すでにご存じの方は読み飛ばしてくださってけっこうです。

あなたは、「単利」と「複利」の違いを説明することができますか？

シンプルに分けると、こうなります。

・単利とは、「元金」だけに利息がつく
・複利とは、「元金＋利息」に利息がつく

例えば、200万円を年利3％で10年間運用した場合に当てはめてみましょう。

単利では、毎年6万円の利子が10年間付きます。

つまり、200万円＋6万円×10で、10年後の受取額は260万円となります。

一方、複利で運用した場合はどうなるでしょうか。

1年複利でみると、1年後は206万円とここまでは単利と変わりません。

ただし、2年目は206万円に3％の利息が付きます。すると、10年後の受取額は約268万7000円に。単利と比べると、8万円以上も多くの運用益が得られます。

複利では元本が雪だるま式に増えていくので、得られる利息も年々増えていくわけです。

当然、単利と複利で得られる利息の差は運用している期間が長ければ長いほど大きくなります。

例えば、200万円を年利3%で30年運用した場合は、こうなるわけです。

・単利では、380万円

・複利では、約485万円（1年複利）

最初の10年では8万円超の差だったものが、30年では約105万円の差になります。お金に働いてもらうなら、圧倒的に複利が有利です。

複利について感覚的に掴むには、「雪だるま」の作り方をイメージするとわかりやすいと思います。

小さく固めた雪玉を雪の上でゴロリと転がすと、1回転した分、大きくなります。そのまま2回転、3回転と転がすと小さかった雪玉が徐々に大きく膨らんでいきます。

このゴロリと転がしたとき、周りに付く雪が利息です。そして、新たに付いた雪をそのままに少し大きくなった雪玉をまた転がすのが、複利による運用のイメージとなります。

これが単利の場合は、1回転させたら1つの雪玉が完成。新たに付いた雪が利息なのは同じですが、それ以上、大きくはしません。また新たに小さく固めた雪玉を作り、ゴロリと1回転。雪合戦用の雪玉がたくさんできあがっていくイメージです。

複利のメリットは、運用年数が長くなればなるほど、利息が増えていくこと。最初はソフトボール大だった雪玉が10回転させる頃には、サッカーボールサイズになっていくのと同じです。しかも、サイズが大きくなればなるほど、ゴロリと回る間に付く雪の量はどんどん増えていきます。

ちなみに、複利によって資産運用しているお金が増えていく醍醐味が実感できるのは、運用を始めて10年目くらいから。もちろん、1年目、2年目も増えてはいますが、ある時点で「え？　こんなに大きくなったの？」と驚くタイミングがやってくるのです。

お金が働く期間が長くなるほど、時間と複利の力で資産は増えていく

身近なところで一例を挙げると、私には社会人になった娘がいます。彼女は中高生の頃

から投資信託を使った長期分散の積み立て投資を行っています。

毎月の積み立て額が少ないですから華々しい数字にはなっていませんが、彼女は時間と複利を味方につけて着々と運用を続けています。10代からスタートして60歳をゴールにすると40年以上続けることができます。

仮に月1万円を年利3％で、45年運用したとしましょう。

年12万円×45年＝元本540万円
運用益が約590万円
45年後の資産額、約1130万円

もちろん、その間には、一人暮らしを始める、クルマや家を買う、結婚する、子育てが始まる、子どもの教育費が必要になるなど、出ていくお金が増える時期がやってくることでしょう。

それでも長期分散の積み立て投資の部分だけは変えず、仕事を始めたら少しずつ月々の投資額を増やしながら続けていきなさいとアドバイスしています。そうすれば、確実にまとまった資産を手にすることができるからです。

お金が働く期間が長くなるほど、時間と複利の力で資産は増えていきます。

そして、投資に慣れてきたら金融危機などで相場全体が下がったときに投資信託を買い増すようなテクニックも使えるようになります。すると、リスクはさほど高くならないまま、年利5％での運用も可能です。

月1万円を年利5％で45年運用すると、1500万円近い運用益が出て、元本と合わせると総額で2000万円近い額になります。

「タイム・イズ・マネー」と言われるように、長期投資にとって時間はお金と同じ価値があるのです。

運用を始めるにあたり、「複利　運用　シミュレーション」といったキーワードで検索。金融庁や計算機のカシオ、各証券会社が提供しているシミュレーターを使って、積極的に「取らぬ狸の皮算用」をしてみましょう。

あなたが予定している毎月の積み立て額、実現できそうな年利（2〜5％が現実的）、続けられそうな運用期間を入力。計算を実行すると、10年後、20年後、30年後の資産が表示されます。

それはコツコツ貯金だけでは到達しない額になっているはずです。でも、リスクを考えながら時間と複利を味方につければ、働く誰もが手に入れられる資産であることは間違いありません。

モチベーションを高めて、投資生活を始めていきましょう。

●まとめ

お金を増やすことのできる仕組みを作る3年目

2ヶ月目は、複利を学び、シミュレーションで未来を想像する

資産運用に付きまとう「リスク」について

先程、「運用を始める前にあと2つだけ、お伝えしておきたい基礎知識がある」と書きました。そのうちの1つ「複利」の説明は以上です。

続いて、2つ目の「リスク」について解説します。

「運用にはリスクがある」とよく言われます。

一般的にリスクは「危険性」と訳されることが多いですが、投資の世界では「不確実性」という意味で使われます。

つまり、ハイリスクとは「危険性が高い」ではなく、「不確実性が高い」という意味。言葉を付け足すなら、「儲かる可能性も高いけれど、損する可能性も高いですよ」となるわけです。

逆にローリスクは「儲かる可能性は低いですが、損する可能性も低いです」となります。

そして、私たちの運用の対象となる金融商品は、次の2つに大別されます。

・ハイリスク／ハイリターン……不確実性が高いが、利益が大きく生じる可能性がある。金融商品で言うと、株式やＦＸ（外国為替証拠金取引）、不動産投資などが当てはまります。
・ローリスク／ローリターン……不確実性が低いが、利益は少ない。積み立ての投資信託や国債などが当てはまります。

私自身、投資をスタートして19年近く資産運用をしていますが、幸い大損はしていません。投資したお金は平均利回り６％くらいで少しずつ増えています。

ただ、仕事上の研究や自分の好奇心を満たすため、ハイリスク・ハイリターンの投資もやってみました。

株、ＦＸ、外貨預金、不動産投資といったハイリスク・ハイリターンの投資も経験しましたし、怪しげな投機的な投資に手を出したこともあります。

もちろん、「使う口座」「貯める口座」に手を付けるようなことはしていません。リスクを取る投資に使うのは、「増やす口座」のお金の15％ほどと上限も決めています。

それでも１日でサラリーマンの月収くらい儲けてしまったこともあれば、投資したお金の半分が翌日には消えてしまうという経験もしました。

損をした直後は、失ったお金のことばかりに気が向いてしばらく仕事が手に付かない状況になります。また、儲けたときも「あぶく銭」「悪銭身につかず」とはよく言ったもので、「浪費」が増えてお金はすぐにどこかへ消えてしまいます。

こうした経験から言える私なりの運用における最大のリスクは、「お金の働きぶりが見えなくなること」です。

友人の口コミで、マネー雑誌のお勧めで、窓口の営業担当者の耳打ちで、一貫性なくいろいろな投資を同時並行で進めてしまうと何がどのくらいの利回りで運用できているかが見えなくなっていきます。

ときには投資した総額や含み益、含み損の金額すら曖昧になっていくことがあります。自分のお金が今どこで何をしているのかがわからなくなること。これは「ショー・ロー・トー」の考え方で言うと、あちこちで見えない浪費が発生しているような状態です。

お金の働かせ先はある程度絞り込み、運用の行方をしっかりと把握していきましょう。

私がこれから投資を始める人、将来のために時間をかけて資産運用していきたい人に「インデックスファンド」を使った長期分散の積み立て投資をお勧めするのは、ローリスク・ローリターンであり、お金の働きぶりが見えやすいからです。

今、30代のあなたが定年退職を迎える年齢になる頃には、社会保障の仕組みも含め、ますますシビアな状況になっていくでしょう。

だからこそ、コツコツ育てていく過程がよく見えるインデックスファンドを使った長期分散の積み立て投資で、複利と時間を味方につける感覚を実感してもらいたい。シミュレーションの数字を見るだけでも、そのメリットは伝わったはずです。

貯金だけで資産運用をすることの見えないリスク

持っているお金の価値が目減りするというリスクについて、もう少し詳しく解説します。

今、日本は史上初と言っていいほどの超低金利時代が続いています。

少し専門的な話になりますが、日銀による「マイナス金利付き量的・質的金融緩和」政策が導入されたのは、2016年1月のこと。以来、金融機関が日銀に預けるお金の一部の金利がマイナスとなったため、私たちの預貯金の金利もほぼゼロと言ってもよいほど低い状態になっています。

あなたの親世代が社会人として働き始めた当時、1980年代から1990年代までは金利が高く、給料やボーナスを郵便局や銀行の口座に預けているだけでお金が増えたものでした。

私が子どもの頃は、お年玉を貯めた10万円の貯金が1年後には10万5000円になっているなんてことが当たり前だったのです。

ところが、今は給料やボーナスを普通口座に入れておいても、得られる金利はごくわずか。引き出しや振り込みの手数料だけで、吹き飛んでしまいます。貯金しているだけでは、お金は働いてくれないわけです。

それでも銀行に預けている預貯金は元本割れしないので、投資よりローリスクだと言えるでしょう。ただし、長期的に見ると預貯金の価値は目減りしていきます。

というのも、日本では、物の価格が下がり、賃金も下がるデフレ傾向が長く続いています。そんなデフレからの脱却を促すためのマイナス金利政策ですが、今のところその効果は限定的。「コロナショック」を受け、超低金利時代はまだまだ続きそうです。

しかし、20年、30年という長期的な視点で見れば、いつかデフレが終わり、インフレが始まります。すると、物の価格が上がり、相対的に預貯金や手持ちの現金の価値が下がってしまうのです。

簡単に言うと、今まで1万円で買えていたものが1万2000円になれば、手持ちの1万円の価値は2000円分目減りしたことになります。

ここまで極端ではないものの物価上昇率1％のインフレが1年間続くと、100万円の預貯金の価値は実質99万円に下がってしまいます。貯めている金額自体は減らないけれど、価値が下がってしまうのです。

これをインフレリスクと言います。

また、円安が急激に進んだ場合も、外国の製品を買うために、多くの日本円を使わなくてはいけません。

今まで1000円で買えていたイタリア産のワインが、円安によって1300円出さなければ買えなくなったとしましょう。すると、相対的に日本円の価値は下がってしまいます。

私たちは今、マイナス金利政策のもと、超低金利時代が続く中、銀行にお金を預けていてもいっこう増えず、インフレや円安が急激に進む可能性がある社会にいます。

そんな中、何もせずお金を持っていることはリスクだと言えるでしょう。

同じリスクがあるのであれば、できるだけ最小限のリスクに抑えつつ、預貯金よりも大きな利回りで運用することを考えた方が得策です。

たとえば、利回り3％で長期分散の積み立て投資を行っていれば、複利と時間がインフレや円安のリスクへの備えになります。

マイナス金利の状況下では、預貯金で資産を保有するよりは、投資信託を積み立てていく方が効率的なのです。

●まとめ
お金を増やすことのできる仕組みを作る3年目
3ヶ月目は、運用にまつわる2つのリスク（運用のリスク、何もしないリスク）を理解しよう

「増やす口座」の証券口座で何をどう買えばいいのか

「複利」と「リスク」を理解したところで、いよいよ運用を始める段階がやってきました。

世の中には多くの金融商品があり、投資先の選択肢は本当にたくさんあります。

どこから手を付ければいいのか、事前に勉強するのはもちろん大切なことです。

リスクの高いものの代表例が、ＦＸ（外国為替証拠金取引）やＣＦＤ（差金決済取引）などです。その他、株式投資（個別株）、不動産投資などもリスクの高い投資だと言えるでしょう。

逆にリスクの低いものと言えば、預貯金や個人向け国債、インデックス型の投資信託、ETF（上場投資信託）などが当てはまります。

この中で長期分散の積み立て投資に向いているのが、インデックス型の投資信託の積み立てです。はじめて投資をする方にも向いています。

そして、長期分散の積み立て投資を主な運用先とするなら、私は少額でも買ってみて慣れていくことをお勧めしています。というのも、「増やす口座」に入金したお金のうち1000円でも3000円でもいいのでまずは運用し始めることで、投資をする感覚が掴めるからです。

どんなに少額の運用でも、日々のマーケットの変化によって含み益や含み損が出ます。それが何円単位だとしても、「自分のお金がマーケットに参加して動いているんだ」という実感が湧くはずです。

私たちは泳ぎを覚えたいとき、ドキドキしながらも水の中に入ります。プールサイドで理想のフォームの教本を眺めているだけでは、泳げるようになりません。

運用も「よし、やってみよう」と一歩目を踏み出すことが大事です。

そもそも投資信託とは、「投資家から集めた資金（ファンド）を、プロが株や債券などで運用し、成果に応じて収益を投資家に分配する金融商品」です。

ここで言うプロとは、投資信託の運用を専門に行うファンドマネージャーのこと。

では、数多ある投資信託の中から初心者は、どんな商品を購入すればいいのでしょうか？

私がお勧めしているのが、「インデックスファンド」の積み立てです。

インデックスファンドは投資信託の1つで、市場全体の指標（インデックス）に連動する値動きを目指す商品。日本株のインデックスファンドであれば、日経平均株価（日本を代表する225銘柄の値動きの平均値）やTOPIX（東証一部上場の全銘柄を対象とする株価指数）に連動するように設計されています。

積み立てタイプのインデックスファンドのいい点は、少額で始めることができ、手間がかからず、わかりやすくイメージでいうと3％程度の利回りが期待できるところです。その中でもどのような商品を選ぶとよいかはこれから見ていきますが、ご自分でも勉強をして日本株、外国株などの配分を考え、そろえましょう。もし、選び方も配分もまだわからないけれどとりあえずやってみたいという方には、よい商品があります。

ファンドマネージャーが日本株、外国株、日本債券、外国債券をバランス良くパッケージングした「グローバルバランス型」と呼ばれるインデックスファンドです。これを選べば、スムーズに分散投資を実現することができます。

ですから、私は「初心者にお勧めの投資先を1つ教えて」と聞かれたときは、「積立タイプのグローバルバランス型のインデックスファンドで、販売手数料のかからないノーロード（無料）の商品」と答えています。

インデックスファンドのメリット①「分散」

購入後は「○○万円分になるまで積み立てる」「何歳になるまで続ける」などの目標を決め、ほったらかしにしましょう。その間に不況がきても、好況がやってきてもスルーです。「必要になるときまで取っておこう」というスタンスでコツコツ続けて、大きく育てていきましょう。

インデックスファンドを使った長期分散の積み立て投資は、「株を安く買い、高いときに売り、短期的に大きく儲ける」「FXで50万円が300万円、一攫千金!」といった運用とはまったく異なります。

ですから、ある程度の投資経験のある方には物足りない面もあるでしょう。しかし、初めて投資にチャレンジする人、できれば損をしたくない人、長い時間をかけて将来ために お金を増やしたい人には最適な方法です。

その理由は3つあります。

1つ目は、リスクを「分散」できること。

「すべてのタマゴを1つのかごに盛るな」というアメリカの有名なことわざがあります。集めたタマゴを1つのかごで運ぶと、落としたときに全部ダメになってしまうことから、投資の世界では「1つにすべてを賭けるな」という意味で使われます。

つまり、分散投資の勧めです。

もし、余裕資金をすべて1つの会社の株式に投資した場合、不祥事などで経営危機に陥ると同時に株価も暴落。会社が倒産し、株式が無価値の紙切れ同然のものに変わってしまうという最悪の展開も考えられます。

その点、積み立てタイプの「グローバルバランス型」のインデックスファンドであれば簡単に「日本株」、「外国株」、「日本債券」、「外国債券」などに分散して投資することができます。

株式と債券の値動きはシーソーのような関係で、金利が上昇すると債券は値下がりし、株価は上昇。金利が下がると債券が値上がりし、株価が下がります。つまり、両方を持つことでリスクを分散することができるのです。

インデックスファンドのメリット②「積立」

2つ目のメリットは、「積立」で始められること。

なぜ、積み立てにこだわるかと言うと、前述のように月々100円からはじめられることに加え、買付時期の分散ができるところにあります。いきなり何十万円も投資に回すよりも、毎月一定額を積み立てで購入するので機械的に時間分散ができ、値動きにも柔軟に対応できます。

家計の支出を見直し、固定費を節約して捻出した少額の資金でも無理なくスタートを切られるというわけです。

仮に、毎月1万円分、なんらかのインデックスファンドを買うとしましょう。最初は1万円で1万口分買えたものの、徐々に値上がりし、ある月は1万口あたり1万5000円に。すると、1万円で買える口数は6666口になります。

逆に値下がりし、1万口が5000円になった月には2万口買うことができます。値上がりしたときは少なく、値下がりしたときはたくさん買えることが定額積立購入のメリットの1つです。結果的に買付単価のブレを抑え、リスクの軽減が期待できます。長期にわたって安定した投資が可能となります。

こうした買い方は、資産運用の世界で「ドルコスト平均法」と呼ばれています。

インデックスファンドのメリット③「長期」

3つ目のメリットは、「長期」で取り組めること。

短期で投資を行い、結果を求めるとどうしても勝つか負けるかのギャンブル的な考え方になり、ハイリスク・ハイリターンの商品に手を出すことになります。

しかし、タイミングを見計らっての投資はプロでも難しく、「9割の敗者と1割の勝者」に分かれると言われています。

また、数ヶ月の値動きに翻弄されて、ちょっと儲けが出たから利益を確定させる、少し損したから手放すといった運用は、煩雑さと心理的なストレスの大きさを考えると少額での投資には向いていません。

投資の世界では大前提として「市場は成長していくものだ」と考えられています。たしかに過去の歴史を振り返ると、何度か大恐慌や大暴落に見舞われた後も世界経済は勢いを取り戻し、市場も成長しています。

インデックスファンドでの長期の分散積み立て投資には、世界の経済の成長に乗っかりながらあなたの資産を大きく育てていく狙いがあります。

そして、この世界経済の成長を支えているのが、世界の人口の増加です。日本では少子高齢化が進んでいますが、世界全体でみれば国で人口は増えていっています。人口が増えることによってその国のGDP（国内総生産）は伸びていき、市場も成長することは過去の歴史が証明しているのです。

そして「長期」の一番のメリットは先にお伝えした「複利」にあります。分散、積立でリスクを軽減した投資を続け、複利でしっかり増やしていく。これが、長期・分散・積立のコツコツ投資の醍醐味なのです。

より長期で臨むなら「iDeCo」でインデックスファンドの運用を

最後に、もし、60歳までほったらかしでの運用を続けられるなら、ネット証券で掛金も全額が所得控除となる「ｉＤｅＣｏ」の口座を開き、インデックスファンドを運用するという選択肢もあります。

「ｉＤｅＣｏ」は、個人型の確定拠出年金のことで、簡単に言うと「働いている間にお金を少しずつ積み立てて、老後の資金をつくる」ための仕組みです。自分で掛金を積み立て、運用商品（投資信託や定期預金など）を選び、60歳になるまで運用。運用成果に応じた金額を受け取ることができます。

あなたはすでに厚生年金か国民年金に加入されていると思いますが、「ｉＤｅＣｏ」はこれらにさらに上乗せされる年金というイメージ。「この先、少子高齢化で公的年金の受給額が減る可能性が高いので、老後に困らないよう自分でも備えておいてください」という制度です。

通常は投資で含み益が出た場合、利益を確定した時点で約20％の税金がかかります。しかし、「ｉＤｅＣｏ」は非課税。利益がまるまるあなたのものになります。

ちなみに、非課税という点では「つみたてＮＩＳＡ」も同様ですが、税制優遇では「ｉＤｅＣｏ」が勝っています。

①拠出する（掛金を支払う）とき

②運用中
③受け取るとき（一定額まで）
いずれにも税制優遇があるからです。「つみたてＮＩＳＡ」では②の運用中は非課税ですが、①③の税制優遇はありません。

デメリットは「60歳まで引き出せない」という点ですが、「使う口座」「貯める口座」を満たし、家計が安定しているなら、「ｉＤｅＣｏ」でのインデックスファンドの運用を検討することをお勧めします。

●まとめ
お金を増やすことのできる仕組みを作る3年目
4ヶ月目〜6ヶ月目／少額でもインデックスファンドでの運用を始めてみる
6ヶ月目以降／可能なら毎月の積み立て額を増やしていく。増額する際、「ｉＤｅＣｏ」でのインデックスファンドの運用も検討してみる
12ヶ月目／あなたの家計なりの長期分散積み立て投資のスタイルが整ったら、あとはほったらかしで運用

第 5 章

40歳、
変化する生活を
「お金」の面からチェックする

ライフスタイルが変わる今、お金のことを考えよう

30代から40代にかけては、ライフスタイルが大きく変わる時期です。

結婚し、パートナーとの暮らしが始まる人。お子さんを授かり、子育てが始まる人。離婚を経験する人、再婚する人。シングルで生きていこうかなと決める人。初めての入院生活で病気に直面する人。周りよりも少し早く親の介護問題に直面する人。

人生は時として、予想もしない方向に向かって動き始めます。こんなつもりはなかったという事態が、幸せにつながっていることもあれば、逆のケースもあるでしょう。

どちらの展開になっても関係してくるのが、お金です。

ところが、日本人はお金の話を好みません。特に自分の家計の内情について、誰かに相談することに抵抗感を持っています。お金のことを話すのは恥ずかしい、と。

私がこの仕事を始めたとき、悩んだのもまさにその点でした。家計について相談したい人はたくさんいるはずなのに、勇気が出ない。1人で悩んで窮地に追い込まれてしまう人

がいるなら、なんとかできないだろうかと思って活動してきました。

お金の話をマイナスに捉えてばかりいると、家計の問題は解決しません。また、お金の悩みは恥ずかしいという意識でいると、知識が増えないため、損得で言えば損な選択をしてしまうことになります。

真剣に生きている人ほど、お金に真摯に向き合っています。それは自分が求める暮らしへ向かうためでもあり、賢く使うためでもあるのでしょう。

お金には「金の亡者」「守銭奴」「銭ゲバ」といった良くないイメージの言葉もつきまといます。そういう感覚を払拭し、きちんと向き合い、活かしていくために、5章では「結婚」、「子育て」、「介護」、「健康」、「保険」、「住まい」といったテーマを選び、30代、40代で考えておくべきお金の問題を掘り下げていきます。

人に迷惑をかけないうちに、お金の問題を解決しようとする姿勢は尊いものです。物事をお金という角度から考えてみるのは、卑しいことではありません。

それは真面目に生きている証拠だと思うのです。

結婚はおトク？

結婚した方がおトクなのでしょうか？

独身でいる方がおトクなのでしょうか？

そんな質問を受けることがあります。私自身は23歳で結婚し、6人の子どもを授かったこともあり、独りでずっと生活するのは寂しいのでは？　という意見です。

しかし、お金の面だけで言うと、「独りでいる方が自由に、好きに使えておトクかも？」と感じてしまうこともあります。

どちらがいいのでしょう？

統計を見ると、日本は晩婚化が進み、「生涯未婚率」も上昇しています。

生涯未婚率とは、「調査した年に50歳の男女のうち結婚歴がない人の割合」です。

1990年の調査では50歳男性の5・6％、50歳女性の4・3％だった数字が、その後は急増傾向にあります。最も新しいデータである2015年の国勢調査では50歳男性の23・4％、50歳女性の14・1％が一度も結婚歴がありませんでした。

さらに、離婚のデータを見てみると、1年間に約66万組のカップルが結婚している一方で、22万組が離婚しています。

生涯結婚しない人。結婚した後、離婚を選んだ人。結婚生活をつつがなく送っている人。どの選択がいい、悪いとは言えません。ただ、生活にかかるお金という切り口で見ると、結婚は経済的でおトクな選択だと言えます。

たとえば、年収300万円の男性と年収300万円の女性が結婚した場合、世帯収入は倍の600万円になります。一方、一人暮らし同士が二人暮らしを始めても、生活費は2倍にはなりません。

都心部の平均的なワンルームマンションの家賃は7〜8万円台ですが、2人で2LDKの部屋を借りると家賃は10〜12万円程度で収まります。1人の負担額は減るわけです。これは食費や水道光熱費などの変動費にも当てはまります。

「全国消費実態調査」で見ても、30代の一人暮らし世帯の消費支出は平均16〜17万円程度、二人暮らし世帯は約24〜25万円です。

世帯収入が増え、支出が減るわけですから「結婚は経済的安定につながる」と言えます。

また、失業や転職のための準備、怪我や病気によって働けなくなったときも2人ならばどちらかがフォローすることができます。一人暮らしは言わば一馬力で、元気に働けるうちはいいですが、何かが起きたときは二馬力の二人暮らしがセーフティネットになるわけです。

この人と一緒にいることで満たされる感覚は？

ただし、お互いの収入に差があり、結婚によって家庭内経済格差が生じるケースもあります。その場合は結婚前に家計の分担について話し合っておくことをお勧めします。というのも、家計相談の場で険悪な雰囲気になる最大の理由もまた、お金だからです。

「金の切れ目が縁の切れ目」と言いますが、経験上、これは事実です。結婚に関するアメリカで行われた大規模な追跡研究では、経済的な魅力だけでパートナーを選ぶと離婚率が高まることもわかっています。

その点、金額には換算できない結婚の価値と言えるのが、精神的な安定です。

パートナーがいることの安堵感。好きな人と暮らしている充実感。子どもを授かるという喜び。老後へ向けた生活の安心感。

結婚＝経済的な面に目が行きがちですが、「この人と一緒にいることで満たされる感覚は？」という視点も持っておきたいものです。

一方、一人暮らし世帯のまま生きていく選択をした場合、お金の重要性は増していきます。なぜなら、いざというときに助けてくれるのは「お金」だからです。

しっかりと貯め、終の棲家となる住まいを確保していくこと。暮らしとお金についての価値基準は結婚している人よりも厳しくなっていきます。

結婚する、しないを左右するのは結局、本人の価値観です。

それでも私は心が荒みやすい現代だからこそ「結婚している方が、おトクです」と言わせてもらいます。支え合うことは、お金に変えられない価値ですから。

もちろん、独身を決めている人が損していると言いたいわけではありません。損得を決めるのは、あなた自身です。

子どもを授かった後にかかる教育費は？

家計相談をしていると、相談者のご夫婦から「子どもをもう一人生んでも良いのでしょうか？」と質問をされることがあります。また、経済的な理由で子どもを作ることを躊躇しているという声も聞きます。

教育費に不安を感じての言葉です。

たしかに、子育てにはお金がかかります。3歳で私立幼稚園に年少から入り、小中高は公立校に進学、塾や習い事もして、大学は私立文系に進学。自宅から通ったという設定で計算すると、子ども1人にかかる教育費は最低でも約1200万円と言われています。

自分たちの生活にかかるお金にプラスαで1200万円と聞くと、不安になりますよね。

でも、安心してください。6人の子育てを通して実感したことが2つあります。

1つ目は、一気に1200万円必要なわけではないこと。

2つ目は、誰もが1200万円かかるわけでもないこと。

大学卒業までの教育費をざっくり前後半に分けると、高校卒業までが前半戦となり、大学入学以降が後半戦となります。それぞれ500万円ずつかかるとイメージしてください。

そして、教育費として出ていくお金は、「イニシャルコスト」と「ランニングコスト」に分かれます。

イニシャルコストは、入学金や入学時に一括購入する物品の費用など、一時的に必要になるお金です。

ランニングコストは、毎月の学費など、生活費の一部としてやりくりしていくお金です。

数十万円単位のひとかたまりの大きなイニシャルコストが出ていくのは、私立高校や大学入学時。それ以外の教育費は基本的に臨時の学用品代も含め、毎月の収入からランニングコストとして支払っているご家庭が大多数です。

「ショー・ロー・トー」の考え方で家計の支出をケアしていけば、「教育費1000万円！」と気構えずとも問題なくクリアできます。

特に子どもが小さい頃はあまり家計に負担がかかりません。

というのも、児童手当や自治体の補助金など、子育て支援のお金が入ってくるからです。

児童手当は0～3歳未満のうち月々1万5000円、3歳以上から中学生まで月々1万円が支給されます。これをすべて貯蓄に回すと、お子さんの生まれ月により変動しますが、高校入学前に約198万円。ここから大学入学までの平均的なイニシャルコストを引いた金額は、平均138万円です。

そして、大学入学時に必要となる入学金などのイニシャルコストは約300万円ですから、計算上は162万円を大学入学までに自分たちで用意すればいいことになります。

0歳から18歳まで年間換算で9万円。月額で計算すると1ヶ月におよそ7500円を、大学入学時のイニシャルコスト用に貯めておけばいいわけです。

教育費については、こんなふうに細分化して考えていくと、気が楽になります。

教育費の無償化が進んでいる

また、2019年10月から幼稚園、保育所（保育園）、認定こども園などを利用する3歳から5歳児クラスの子どもたち、住民税非課税世帯の0歳から2歳児クラスまでの子どもたちの利用料が無料になりました。ただし、送迎費や給食費などの実費は自己負担です。

そして、高校も無償化されています。この制度は「高等学校等就学支援金制度」というもので、文部科学省が行う授業料支援のこと。国公立・私立問わず高等学校に通い、所得などの要件を満たす世帯の生徒には授業料に充てるお金として、次のような額が支給されます。

・特別支援学校を含む全日制の公立高校とすべての私立高校…月額9900円
・定時制の公立高校…月額2700円
・通信制の公立高校…月額520円

この就学支援金は国から学校へ支給され、国公立では世帯からの授業料の支払いが実質不要になる仕組みです。

さらに、2020年4月からは制度が改正され、保護者の年収目安が590万円未満の世帯の生徒を対象に私立高校の平均授業料を勘案した水準まで加算支給額の上限が引き上げられることが決まりました。ほかに、私立高校の授業料負担を軽減する制度もあります。

その他、自ら申請することでもらえる補助金もあります。

たとえば、私立幼稚園に入るときに必要となる入園金、制服代。平均して10万円強かかり、一度自分たちで立て替えて払う必要があります。ただ、申請すれば自治体が決めている上限までの実費分が返ってきます。

「ご自身がお住まいのエリア＋幼稚園＋補助金」といったキーワードで、自治体の補助金額を調べてみてください。

子どもの学びについて、何に価値を置いて支出するかが重要

教育費の無償化が進んだ影響からか、家計相談に乗っていると子育て家庭の塾や習い事の費用が増えているのを感じます。

プログラミング教育、英会話、水泳、ダンス、書道、公文、受験対策の塾や予備校など、放課後や週末に過密スケジュールをこなすお子さんも少なくありません。

本人の希望ではなく、「クラスの友達が通っているから……」「行かせないとかわいそう」といった同調圧力で習い事を増やしてはいないでしょうか。

子育てで何を大切にするか。どこにお金をかけるか。パートナーと話し合い、基本方針をまとめておく必要があります。事実、塾や習い事に教育費をかけすぎると家計が苦しくなっていきます。

また、子どもができれば家賃、水道光熱費、食費など、生活にかかる支出は二人暮らしのときに比べて30％ほど増え、しかも、彼らが独り立ちするまで続きます。教育費を必要以上に恐れることはありませんが、やはり家計全体を見れば子育てによって出ていくお金は増えていきます。

だからこそ、何に価値を置いて支出するかが重要です。

子育てが始まると日々新しい発見があり、親は自分も成長していくことを感じます。小学校、中学校、高校と進むうち、子どもたちはどんどん外の世界で多くを学び、新たな価値観を家庭に運んできてくれます。

私も子どもたちの話を聞きながら、自分軸が大きく揺さぶられる経験を何度もしてきました。それはとても新鮮で、おもしろい感覚です。

お金の専門家がするアドバイスではないかもしれませんが、教育費については「なんとかする」を基本に難しく考えず、子育てというプライスレスな体験を多くの人に楽しんでいただきたいと思います。

親の介護にかかるお金は？

40代に差し掛かると、誰もが気になり始めることがあります。それは年齢を重ねていく親にまつわる「お金」の問題です。十分な資産を持ち、退職金も手にして、人生の要所要所で子どもたちに援助できる親もいれば、貯金はわずかで子どもからの仕送りを期待している親もいます。

いずれにしろ、親の資産状況は、40代にとっては気になるテーマです。リタイア後の家計、医療費や介護費用等のリスク、先々の見通しなどについて一度は腹を割って話しておきべきでしょう。

しかし、お金の話は生々しさを伴うもの。特に、今の40代の親世代にあたる60代、70代には「お金の話は恥ずかしい」「親子間でもするべきではない」と強い抵抗感をあらわにする人も少なくありません。

とはいえ、「聞きにくいから……」で放っておくのは危険です。

今の60代、70代の老後は若年世代よりも安泰というイメージが広がっていますが、実際にはリスクがあります。統計データを見る限り、団塊世代の約半分は老後のどこかの段階で貯蓄が尽き、介護貧乏に陥る可能性を秘めているからです。

たとえば、年金と生活費を見てみましょう。今の60代、70代の多数を占める「夫が会社員・妻が専業主婦」という組み合わせの場合、夫が約15万円、妻が約6万円で月々約21～22万円の年金を受け取るのが平均的なケースです。

しかし、総務省の調査によると60代夫婦の月々の生活費は平均27～28万円。すると、月5・5万ほどの赤字が出ます。平均寿命の80代半ばから後半まで暮らしていくとして、約30年。年金では賄うことのできない家計の赤字は、1800万円に上ります。

「老後2000万円問題」のベースとなったのが、この数字。足りない生活費を補っていくための資金が貯蓄というわけです。

あなたの親御さんが不足する生活費を補うに足る貯蓄をしていたとしても、安心はできません。なぜなら、そこにプラスして医療や介護費用がかかってくるからです。

統計データを見ると、75歳以上で国の介護保険制度の要支援の認定を受けた人が8・8%、要介護の認定を受けた人が23・3％。70代半ばまでは元気でも、75歳以上になると要介護の認定を受ける人の割合が大きく上昇していくことがわかります。

こうした医療や介護費用も視野に入れると、長生きすればするほど確実に貯蓄は取り崩されていきます。

親が介護を受けた場合、月にいくらかかるか知っていますか？

また、貯蓄が足りないまま老後に突入する人もいます。

現役時代に貯蓄に熱心でなかった人はもちろん、予測よりも退職金が少なかった、住宅ローンが残ってしまった、保険金の目算を誤っていたなど、想定外の出来事で老後の資金計画が狂うのはめずらしいことではありません。

ところが、60代、70代の世代は良くも悪くも気丈で、ギリギリまで我慢しがちです。その結果、にっちもさっちもいかない状況になってから子どもが実情を知る、といったケースもあります。

30代、40代は自らも住宅ローンや子どもの教育費などで支出のかさむ時期、親のために援助するとなると、家計への大きなダメージとなります。

ちなみに、親が介護を受けた場合、月にいくらかかるのでしょうか。

生命保険文化センターの「生命保険に関する全国実態調査」（平成30年）によると、自宅での介護を始める際にかかる一時的な費用（イニシャルコスト）の平均は69万円、月額費用（ランニングコスト）の平均は約7万8000円と報告されています。

イニシャルコストの内訳は、主に自宅で介護しやすいようにリフォームする費用、ベッドや車いすなどの介護用品の購入費用です。

介護期間は平均で59ヶ月、約5年。自宅介護で看取ったとして介護費用を計算すると約530万円となります。これ以外に当然、医療費もかかります。要介護度が上昇すれば自己負担額も増えるので、トータル800万円ほど見込んだ方がいいという試算も。

さらに有料老人ホームへの入居となれば、費用は大きく膨らみます。

基本的に介護費用は親が持っているなら、親の貯蓄から出すべきお金です。

子どもの心情として負担してあげたい気持ちもわかりますが、こちらの家計の状況まで悪化してしまってはよくありません。兄弟がいる場合は、費用や労力の分担について話し合っておきましょう。

「長男だから僕がお金を出す」ではなく、月額7万8000円のうち、親の貯蓄からいくら、兄弟がそれぞれいくら、と。誰かの負担が大きくならないよう分担することで、介護による家族間のギスギスを避ける手立てとなります。

親のための介護離職は本人のライフプランを崩してしまう

また、多くの家計相談を受けてきた立場から言うと、介護離職は避けるべきです。

もちろん、仕事を辞めて、親の介護を担うのは尊い考えだと思います。けれど、30代、40代で仕事を辞めた場合、介護が終わり、復帰しようとしたときの再就職には壁があり、無事に就職できても前職より年収が下がってしまうケースがほとんどです。

先日も一流電機メーカーに勤めていたものの、お母様の介護のために退職。2年後にお母様が亡くなられ、再就職先を探し、今はトラック運転手をされている方の家計相談を受けました。

毎月の収入が下がったのはもちろんですが、ボーナスや退職金を含めると定年までメーカーに勤めた場合との生涯年収の差は数千万円単位に。親のためを思って会社を辞める優しさはすばらしいものですが、ご本人のライフプランが崩れてしまったことは否めません。

介護保険制度のデータを見ると、介護保険をまったく利用せずに天寿を全うされる方は2割程度。8割の方は、老後のいずれかの時点で介護を必要とした状態になります。

介護は病気での入院と違い、一時的な入院費の支払いで支出が途切れるものではありません。イニシャルコストよりもランニングコストが大きくなります。

そのときに誰がどのように負担していくのか。関係するご家族・ご親族で事前に話し合っていただかないといけません。

仕事をしながら、家事も、介護もとなると、想像を絶する負担を強いられます。そうなると、どうしてもお金を使って解決・カバーせざるをえない部分も出てきます。つまり、通常の家計のラインを越えて対処しなければならないわけです。

介護が現実問題となってきたとき、焦りから判断にブレが生じないよう日頃から情報を集めておくこと。必要に応じて地域包括支援センターなどに足を運び、専門家に相談しておくこと。そういった準備を進めておくことが重要です。

¥ もし、あなたが病気になったら？保険は必要？

20代のある時期、周囲で結婚ブームがあったように、40代に入るとちらほら聞こえてくるのが、健康に関するあれこれです。

友達や同僚が入院した。手術した。これまでは遠い存在だった病院を近くに感じる話が耳に入ってきます。そして、入院ともなれば、近所の耳鼻科で診察を受け、花粉症の薬を処方してもらうのとは異なる、まとまった額のお金が必要になってきます。

では、健康を取り戻すためにはどれくらいのお金が必要になるのでしょうか。

厚生労働省が健康保険（公的な医療保険制度）の給付実績の統計から傷病別の入院医療

費を男女別にまとめたデータがあります。

たとえば、男性の入院医療費では入院件数が比較的多い脳梗塞、胃がん、大腸がん、肺がんがそれぞれ60万円台、重度の骨折が50万円台、糖尿病、高血圧性疾患、うつ病が40万円台、前立腺肥大症が30万円台となっています。

女性の場合も同様の疾病での入院医療費は男性と変わりがありません。一方、女性特有の子宮がんは60万円台、乳がんは50万円台、妊娠および胎児発育に関する障害での入院は80万円台となっています。

注意したいのは、ここで示した入院医療費は10割負担の額だということ。健康保険に加入していて自己負担割合が3割であれば、それぞれの額を0・3倍した額が自己負担額となります。

たとえば、骨折の入院治療で52万円かかったとしたら、0・3倍で自己負担額は15万6000円。大きな出費ですが、日本には「高額療養費制度」という制度が用意されています。

これは健康保険に加入していれば誰でも利用することができ、健康保険適用の医療費の自己負担額が1日から末日までの1ヶ月の間で高額になった場合、一定の自己負担限度額を超えた分があとで払い戻される（もしくは病院へ直接支払われる）仕組みです。

では、高額療養費制度で決められている自己負担限度額とは具体的にいくらなのでしょうか。その額は年齢や収入（年金を受給している方は年金額）に応じて定められており、人によって異なります。

たとえば、69歳以下で年収約370万円～約770万円の方は8万100円＋（医療費－26万7000円）×1％が1ヶ月の自己負担限度額となります。

先程の15万6000円の場合ならば、ここから7万3370円が高額療養費制度によって補われ、実際に支払う額は8万2630円となるわけです。これを1つの基準として考えると、10万円の貯金があればほとんどの入院費は賄うことができます。

ただし、高額療養費制度は申請制。病院の窓口や最寄りの役所で自ら「使います」と申請しなければ利用することができません。

入院した病院によって制度の情報が案内されないこともありますから、生活に役立つ知識の1つとして覚えておきましょう。

支払う医療費に上限があるなら生命保険は必要ない？

入院医療費にかかる費用の概算を掴み、高額療養費制度を知ると、それなりの貯金があれば、病気やケガをしても自分で治療費を賄うことができるとわかります。もし入院医療費が数百万円かかってしまったとしても、健康保険適用の治療であれば高額療養費制度は適用されます。

そう考えると、浮上してくる疑問があります。

それはあなたの入っている生命保険と毎月支払っている保険料は適当かという問題です。たとえば、月に数万円を数十年支払う場合、支払いの合計金額は1000万円を超えます。高級車を買うのと変わらない支出にもかかわらず、営業スタッフの「貯蓄型の生命保険なら、資産を築きながら有事の際には保障を受けることができます。このお金はムダになりません！」といったセールストークに乗って、契約。その貯蓄型の生命保険が家計を圧迫しているケースはめずらしくありません。

生命保険には大きく分けて、3つの機能があります。

医療保障、死亡保障、貯蓄です。

しかし、最後の貯蓄の機能に関しては、超低金利の今、いい商品はありません。かつては学資保険や養老保険、個人年金保険などがおトクとされてきましたが、インフレリスクを考えると今はいずれも貯める効果は発揮してくれない商品ばかりです。

となると、生命保険に入るメリットは医療保障と死亡保障ということに。

・「医療保障」は、怪我や病気で入院や手術をしたときに、かかった治療費に対する給付金が受け取れる保障です。また、入院中、治療中に途切れてしまう収入を補う意味合いもあります。
・「死亡保障」は、被保険者が死亡したときに、お葬式代や、残された家族(受取人)が経済的に困らないようにするための保障です。

この2つに基づいて保険の営業スタッフは「保険はお守りがわり」とアピールします。ただ、生命保険に入ったからといって、病気にならないわけではありません。もちろん、死ないわけでもありません。

冷静に見てみると、生命保険の機能は病気で入院や手術をしたとき、死亡したとき、お金が出るというだけです。

貯蓄があるなら、思い切って医療保険をやめてしまう選択もあり

では、医療保険に加入する意味はないのでしょうか？

これまで入院した経験がなく、今現在、健康な方なら「貯金は10万円以上あるし、高額療養費制度もあるから、医療保険はいらない」と判断されるかもしれません。

そう捉えるのは間違いではありません。高額療養費制度は入院回数が増えても1ヶ月の医療費が上限を越えると使えますし、過去1年以内に高額療養費に該当する月が4回以上あると、自己負担額の上限が4万4000円になるという手厚い制度設計になっています。

しかし、入院期間が長くなった場合や一度の入院の後、病気がちになってしまったとき、

入院日数に応じて給付金が支払われることは家計の助けになるだけでなく、精神的な支えにもなります。

入院中は働くことができませんから、傷病手当金があっても収入は減少しますし、入院期間が長くなればいずれ途絶えてしまいます。そのとき、手術時に一時金が出て、入院日数に応じて1日数千円から1万円の入院給付金が支払われるのは心強いものです。

とはいえ、貯蓄があり、「増やす口座」で300万円、500万円、1000万円と運用しているような家計であれば、思い切って医療保険をやめてしまうという選択もありでしょう。ここは個人の価値観と家計の状況によって変わってきます。

たとえば、37歳の男性が手術した際の一時金が10万円、入院した際の給付金が日額5000円の医療保険に加入し、平均寿命の84歳まで生きたとしましょう。

大手O社の場合、保険料は毎月2200円です。亡くなる84歳まで47年間、払い続けたとすると約124万円。貯蓄型ではありませんから、掛け捨てです。

仮に一度も手術、入院がなければ完全に払っただけの状態に。かといって保障を受けたとしても、124万円分を取り戻すには何回手術しなければいけないか……という話です。

基本的に生命保険は、保険会社が儲かる仕組みになっています。見方を変えれば、保険は安心を買う代わりに金銭的には損する可能性が高い金融商品とも言えるのです。

「がん（悪性新生物）・心疾患・脳血管疾患」の三大疾病に備える

最近は医療技術の進歩に伴い、入院期間が短くなる傾向があります。がんの手術でも2泊3日で退院するケースはめずらしくないようです。

ただ、それで治療終了となるかと言えば、そんなことはありません。その後も1年間、通院し、再発しないよう治療を受けます。その間、フルタイムで今まで通り働けるかどうかは、個人差があります。

そこで、通院費、治療費ともにカバーするという医療保険があれば助かるのは事実です。その保障と毎月の保険料の支出。これを冷静に比較して検討することを心がけてください。

ちなみに私は持病があるため、通常の医療保険には入っていません。一方で、治療が長期化する三大疾病に特化した医療保険に加入しており、がん（悪性新生物）で、ホルモン剤、抗がん剤、放射線の治療中、1ヶ月に60万円が給付されます。

保険料は高くなりますが、家族も多いので十分な給付金が得られるものを選択しました。

また、三大疾病の治療目的で先進医療を利用した際の給付金特約を付けています。

がんに効果がある「陽子線治療」や「重粒子線治療」などの高度な医療技術を用いた治療は、それを受けたときにかかる「技術料」が全額自己負担となります。その技術料は陽子線治療で約270万円、重粒子線治療で約309万円。

「がんになったら俺は治療しないからいいわ」と割り切ることができればいいのかもしれませんが、私は治療したいですし、まだまだ人生を楽しみたいと思っています。その生きるための選択肢となる治療に対して、技術料が高いから……と躊躇したくない。そんな思いもあって、毎月の保険料にも納得しています。

生命保険の死亡保障が必要な人、必要でない人

死亡保障についても、必要性は人によって異なります。

子育て家庭、それも幼いお子さんがいる方は遺族への保障として役に立ちます。特に貯蓄が少ないうちは、保険加入してすぐに満額の保険金が保障される生命保険は心強い助けとなります。

たとえば、保険金が1000万円の生命保険に入れば、貯金額が1万円でも亡くなったらきちんと満額が支払われます。もし、自分で1000万円貯金しようと思えば、長い時間が必要になります。その時間を一気に短縮して保障が得られることから、よく「貯金は三角、保険は四角」と言われるわけです。

ですから、子どもが生まれてから22歳ぐらいまでの期間だけ死亡保険金が2000万円、3000万円という額の生命保険に加入するのは十分に意味があることだと言えます。

一方、次のような状況ならば死亡保障は必要ないと言えるかもしれません。

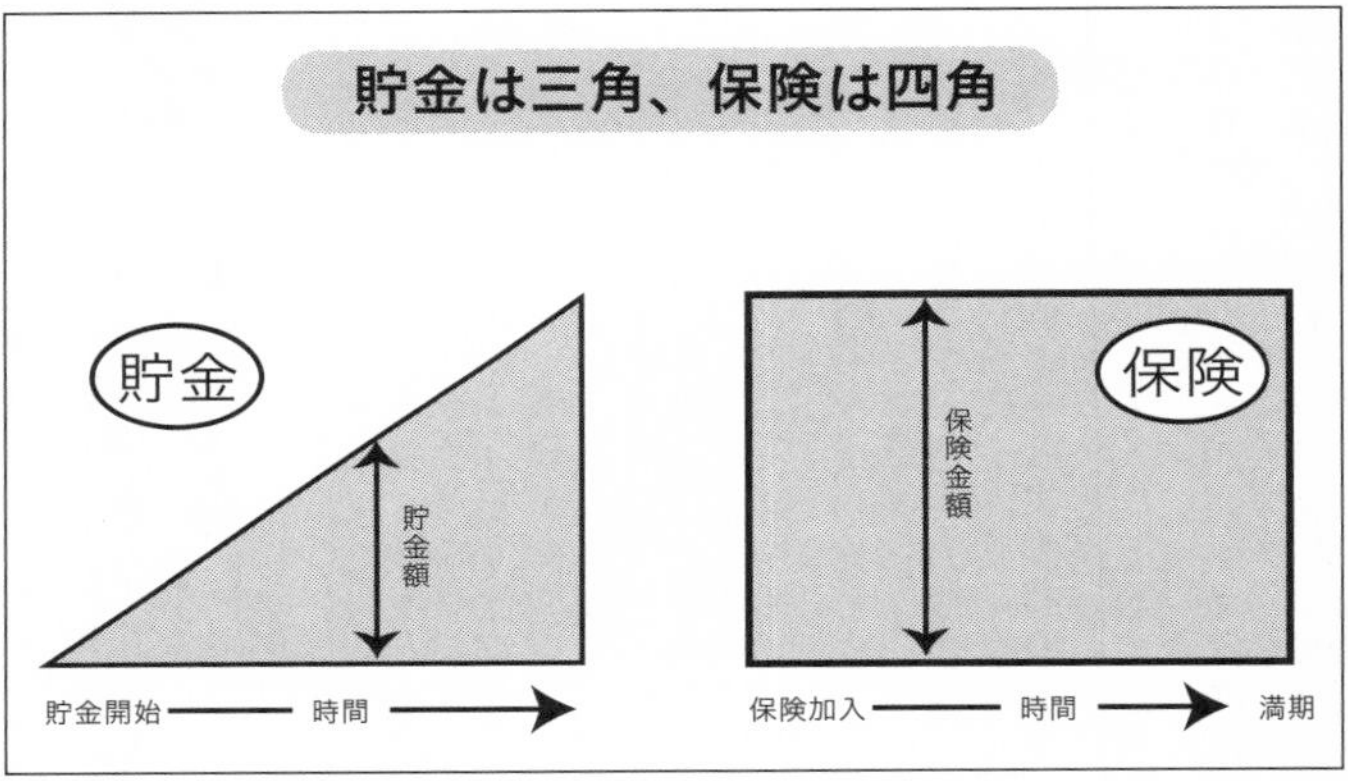

・子どもがすでに独立している
・夫婦二人暮らしで、自分もパートナーも収入の安定した職業に就いている
・一人暮らしで死亡保険金を残すべき家族がいない

また、生命保険に加入していなくとも、死亡者が年金を納付していれば基本的に遺族は「遺族年金」がもらえます。残された家族の当座の生活費は遺族年金で賄えるはずです。

まずはあなたの加入している年金で、どのくらいの遺族年金が出るのかを調べてみることをおすすめします。

このように、生命保険というのは、あくまでも

「社会保障や預貯金で賄えない部分をカバーするもの」と捉え、必要最低限の契約にとどめておきましょう。ムダな特約がついていないか、そもそも自分にとって本当に必要な保障なのか、一度見直してみるべきです。

働けなくなったときの保険、「就業不能保険」は役立つ?

「治療費もさることながら、怪我や病気で働けないときの収入減も不安」という声に応える形で、働く世代に向けて「就業不能保険」がさかんに宣伝されています。

たしかに家計を支える働き手が病気になり、入院し、長期間にわたって在宅療養してしまうのは家計にとって大きな打撃です。

就業不能保険はそんなとき、給付条件を満たすと契約時に設定した給付金が、毎月支払われます。この就業不能保険は生命保険会社が販売するもので、同じような保障で損害保険会社が販売する「所得補償保険」もあります。どちらも怪我や病気で働けなくなったときの保障ですが、違いもあります。

たとえば、就業不能保険は、給付金額は加入時に設定した給付金を受け取れますが、所得補償保険は実際の年収内でしか設定できません。

どちらがいいか。そもそも働けなくなったときの保障が必要かどうかの判断は個々人によります。ただ、1つの判断材料となるのが、会社員の多くが加入している健康保険に付帯する「傷病手当金」です。

傷病手当金は、病気やケガで仕事ができず収入がない間、最長1年半まで、給料の3分の2程度が支給される制度。働けなくなったことでいきなり収入がまったくのゼロになることを防いでくれます。

損保の所得補償保険の保障は傷病手当金がカバーする範囲と似ているので、フリーランスや自営業などでなければ、加入の必要性は高くありません。

生保の就業不能保険に関しては、障害が残る、介護が必要な状態になるという万が一のリスクに備える商品も多く、特約で就業不能保障をプラスする商品も多く用意されていますので、検討してみる価値はあると言えるでしょう。

永遠の課題、住む家は買うべき、借りるべき？

購入派か、賃貸派か。

家を巡る議論は永遠のテーマで、正解はありません。

たとえば、マネー誌や住宅情報誌、同様のWebサイトでその手の記事が出る場合、基本的に「買った方がおトク」というスタンスでまとめられます。なぜなら、そういったメディアにとって住宅会社、不動産会社、住宅ローンを提供する銀行は主要なスポンサーだからです。

そこで、記事の中では「持ち家の方が得になる」という試算が紹介されます。こうした試算の作り方は簡単です。東京23区で住宅ローンを組み、持ち家を購入した場合と賃貸に住んだ場合を比較するなら、賃貸の家賃を相場より少し高めのいい物件に設定し、ローンの条件（融資額や借入期間、金利など）を有利にするだけ。

しかし、そもそも住宅ローンと家賃を同額で計算し、比較しても意味がありません。

たとえば、住宅ローンを組んで家を買うと、引っ越しの自由は失われてしまいます。多くの方は一生に一度の大きな買い物として、一戸建てやマンションを購入します。住宅ローンも収入の中で安定して返済できる上限に近いところで組むはずです。となると、引っ越して別の物件に移る場合、住んでいる家を売りに出すか、賃貸に出す必要が生じます。

その点、賃貸物件に住んでいる人は自由です。住みたい街ができたら、引っ越しと入居時にかかる費用さえ賄えれば、すぐに移ることができます。

この自由さをいくらの金銭的な価値として捉えるか。あるいは、住宅ローンを組み、「ここに長く住む」と腰を据える安心感をいくらと換算するか。つまり、本人の求める生活スタイルによって、購入派、賃貸派のどちらも正解になるのです。

正直に言って、住宅コストという意味では親から引き継いだ土地建物ではない限り、生涯で支払うコストは大きくは変わりません。住宅ローンは本人の収入の枠内で組むことになりますし、一生賃貸派も極端に高い物件は選ばないはずです。

そう考えて試算すると、生涯かかる賃貸物件の家賃と2年に1度更新料を含む額と、収入に見合った一戸建て、もしくはマンションを購入し、税金や修繕費を含めた生涯の支払い金額は、そう変わらない数字になります。

¥ 購入派、賃貸派、それぞれのメリット、デメリット

とはいえ、購入する方がベターな選択となる状況と、賃貸の方がベターだと言える状況は提案することができます。

まずは購入派、賃貸派、それぞれのメリット、デメリットをまとめました。

購入派のメリット

・毎月の住宅費が、いずれ資産となる
・思い通りの設計にできる
・リフォームが自由になる
・住宅ローンの支払いが終われば、通常時では維持費が大きくかからない

購入派のデメリット

・初期費用がかかる
・固定資産税等の税金がかかる
・収入や家族構成など、ライフスタイルの変化に対応しにくい

賃貸派のメリット

・さまざまな街、さまざまな物件を選び、住み替えることができる
・収入や家族構成など、ライフスタイルの変化に応じて住み替えがしやすい
・購入に比べ、圧倒的に初期費用が少ない
・税金等の維持費がかからない
・貯蓄を増やしていけば、購入したいタイミングで購入派に転じることができる

賃貸派のデメリット

・住宅が資産としては残らない
・ファミリー向け物件が少なく、家賃が割高となる可能性がある

・定年退職後、安定収入が途切れると借りられる物件が少なくなる

購入派、賃貸派、それぞれが選択に満足できる状況とは？

では、購入する方がベターな選択となるのはどんな状況でしょうか。

①「自分の家」を持ちたい願望がある
②定年退職後が不安なので、持ち家が欲しい
③今後、家族構成が変わらず、長く同じ街に住む予定

いずれにしろ、持ち家願望がある人にとっては購入することがベターな選択となります。最近は減ってきましたが、かつてはマイホームを持って一人前という風潮もありました。現在でもこの価値観を持つ人は一定数います。

「自分のこだわりを実現した家に住みたい」「マイホームを持つことで、仕事へのモチベーションが上がる」といった思いがあるなら、購入を検討しながら家計をコントロールしていきましょう。

ただし、購入する場所は慎重に選びましょう。高く売り抜くことを目標にする必要はありませんが、人気のある地域で駅から近く、借り手や次の買い手が見つかりやすい場所を選ぶことをお勧めします。

一方、賃貸で住み続ける方がベターな選択となるのはどんな状況でしょうか。

①特に持ち家への憧れがない
②今後、結婚や子どもができるなど、家族構成が変化する可能性がある
③転職、独立などによって収入が大きく変わる可能性がある

賃貸派の良さはライフスタイルの変化に応じて、住む場所、住む家を自由に選ぶことができる点です。

たとえば、家計相談にいらっしゃったお客様に、山登りが大好きなご夫婦がいます。元々、都心の一等地に賃貸マンションを借り、外資系企業でがんがん稼いでいた2人でしたが、今はお子さんが1歳で夫婦ともに育休を取得。収入が大きく下がったからと言って、自然の多い郊外の民家に引っ越し、住宅費を大きく圧縮しながら子育てを楽しんでいます。

そして、育休後は再び外資系企業に戻り、都心でバリバリ働くスタイルで暮らすと言っていました。こうした自由なライフスタイルは、家を買っていたらなかなかできないことです。

家族構成、ライフスタイルが定まる前の住宅購入には注意が必要

最後に私の失敗談を少しだけ付け加えておきます。

ファイナンシャル・プランナーとして独立した直後、27歳の私は当時暮らしていた札幌

でマイホームを購入しました。家族構成は妻と3人の子どもたち。それなりのサイズの一軒家です。

ところが、その後、仕事の中心が東京となり、上京。子どもは6人に増え、ライフスタイルも一変しました。最初は購入した家を賃貸に出していましたが、「もう札幌に戻ることはない」「子ども6人と暮らせるサイズではない」となり、売却。

大きく不動産価格が下がったところで売ることになり、頭金、購入後に支払った住宅ローンの総額を住んだ期間で割ったところ、札幌市内ではかなり割高の家賃20万円の家に住んでいた計算に。

30代後半となると、30年、35年で組む住宅ローンのことを考え、早めに購入した方がいいという焦りが生じます。しかし、購入派の方には「買うタイミングはくれぐれも慎重に」ということをお伝えしたいと思います。

第 6 章

65歳、
あなたの将来は
どうなっている?

幸せな老後生活を送るために

あなたは定年退職後の自分の暮らしを想像してみたことがありますか？

60歳もしくは65歳、定年退職を迎えた後、どんな家に住み、どうやって家計をやりくりし、生きていくのか。なんとなく暗い未来を思い描いてしまう人もいるかもしれません。

たしかに、各種データを見ると会社員が受け取る退職金は昔に比べて減っていますし、年金も「先細りするのでは」という不安が付きまとっています。

しかし、不安の大半は知らないことが原因です。

6章では、年金、退職金、定年後の仕事という老後の暮らしに直結するトピックについて解説します。

現役時代にいくらお金を貯めたとしても、老後資金には限りがあります。だからこそ、老後資金は計画的に大切に使わなくてはいけません。

そのコツは、貯蓄からの補填をできるだけ少なくすること。

65歳になると、金額に差はあれど年金を受け取ることができます。生活費は受け取った年金で賄うことをベースとし、できる仕事をしながら月に数万円稼ぎ、貯蓄から補填する金額をできるだけ少なくしましょう。これで、老後資金を長持ちさせることができます。

実際、最近は定年後に再雇用制度を利用する人、再就職する人、現役時代からの副業をゆるやかに本業へとシフトさせる人が増えています。つまり、老後も収入を得る暮らし方を選ぶ人が多くなっているのです。

定年に向けて大切なことは何か。

それは現役時代から始める「備え」と「蓄え」です。

備えは知識、蓄えは貯蓄。必要な知識を身につけ、現役時代に積み上げてきた貯蓄と年金で生活のベースを支えながら、知識を武器に収入を得ていく。このサイクルができてしまえば、暗くなる必要はどこにもありません。

人生１００年時代。70代、80代はこういう過ごし方をしたいというイメージを持ち、それに合わせた備えと蓄えを準備すること。お金がないから働くではなく、やりたいから働く。30代、40代のうちから意識していけば時間が味方をし、より良い老後を送ることができるはずです。

年金はどれくらいもらえるのか？

本当に自分は年金をもらえるのだろうか？

家計相談にやってくる30代、40代の方の中には、本気で「自分たちの世代は年金がもらえないのでは？」と心配されている人もいます。

今、年金を受け取っている世代ほど恵まれはしないかもしれませんが、年金がもらえなくなることはありません。万が一、年金制度が崩壊することがあれば、それは日本経済そのものが破綻している場合だからです。

そんな未来を心配して投げやりになるのは、少々物事を極端に捉えすぎだと言えます。もちろん、少子高齢化が進み、超高齢化社会に突入することで、今後、年金の受給水準や受給開始年齢が今より不利な条件になることはほぼ間違いありません。

だからといって、毎月の年金を払うのは無駄と考えたり、どうせゼロになるんだろうと義務と責任を放り出したりするのは、やりすぎです。厚生労働省は5年ごとに100年後までの年金財政の健全性を検証し、制度が恒久的に保たれるよう手を打っています。

詳しくは後述しますが、国民年金、厚生年金ともに、金融商品への投資と考えれば、かなり利回りのいい商品という見方ができます。年金への加入と納付は20歳以上の国民の義務でもありますから、コツコツと積み上げ、65歳以降の備えとしていきましょう。

では、具体的にあなたが将来受け取ることのできる年金は年間いくらくらいになるのでしょうか？

確かめる方法は簡単です。

毎年、誕生月になると郵送される「ねんきん定期便」をチェックしてください。そこには次のような情報がきちんと記載されています。

○50歳未満の人の「ねんきん定期便」には……

・これまでの年金加入期間
・これまでの加入実績に応じた年金見込額（予測額）
・これまでの保険料納付額
・最近の月別納付状況

が書かれています。

○50歳以上の人の「ねんきん定期便」には……
・これまでの年金加入期間
・老齢年金の年金見込額（同じ条件で65歳まで加入し続けたものとして試算された額）
・これまでの保険料納付額
・最近の月別納付状況
が書かれています。

¥ どの「年金」を受け取れるかは、あなたの働き方と備え方次第

ただし、30代、40代の人が受け取ることのできる年金見込額は、今後の働き方によっても大きく変化する可能性があります。

というのも日本の年金制度は大きく分けて、3つの年金の組み合わせによって成り立っているからです。

1つ目は「国民年金」。これはすべての国民が加入する基礎年金制度で、65歳以降、老齢基礎年金を受け取ります。

2つ目は、会社員や公務員が加入する「厚生年金」。民間企業の会社員や公務員は、「国民年金」と「厚生年金」（公務員は「共済年金」）に加入するので、65歳以降、老齢基礎年金＋老齢厚生年金（老齢共済年金）を受け取ることができます。

そして、3つ目は「上乗せできる年金」。国民年金にプラスして納付することで受け取る年金額を増やすことができる「付加年金」「国民年金基金」、同じく厚生年金にプラスして納付することで受け取る年金額を増やすことができる「厚生年金基金」、4章で紹介したｉＤｅＣｏ（個人型確定拠出年金）などがあります。

これら上乗せできる年金を納付していると、65歳以降、次のように受け取れる年金額が増えていきます。

- 国民年金とｉＤｅＣｏに加入していた自営業者の場合、老齢基礎年金＋ｉＤｅＣｏ分
- 国民年金と共済年金、国民年金基金に加入していた公務員の場合、老齢基礎年金＋老齢共済年金＋国民年金基金分

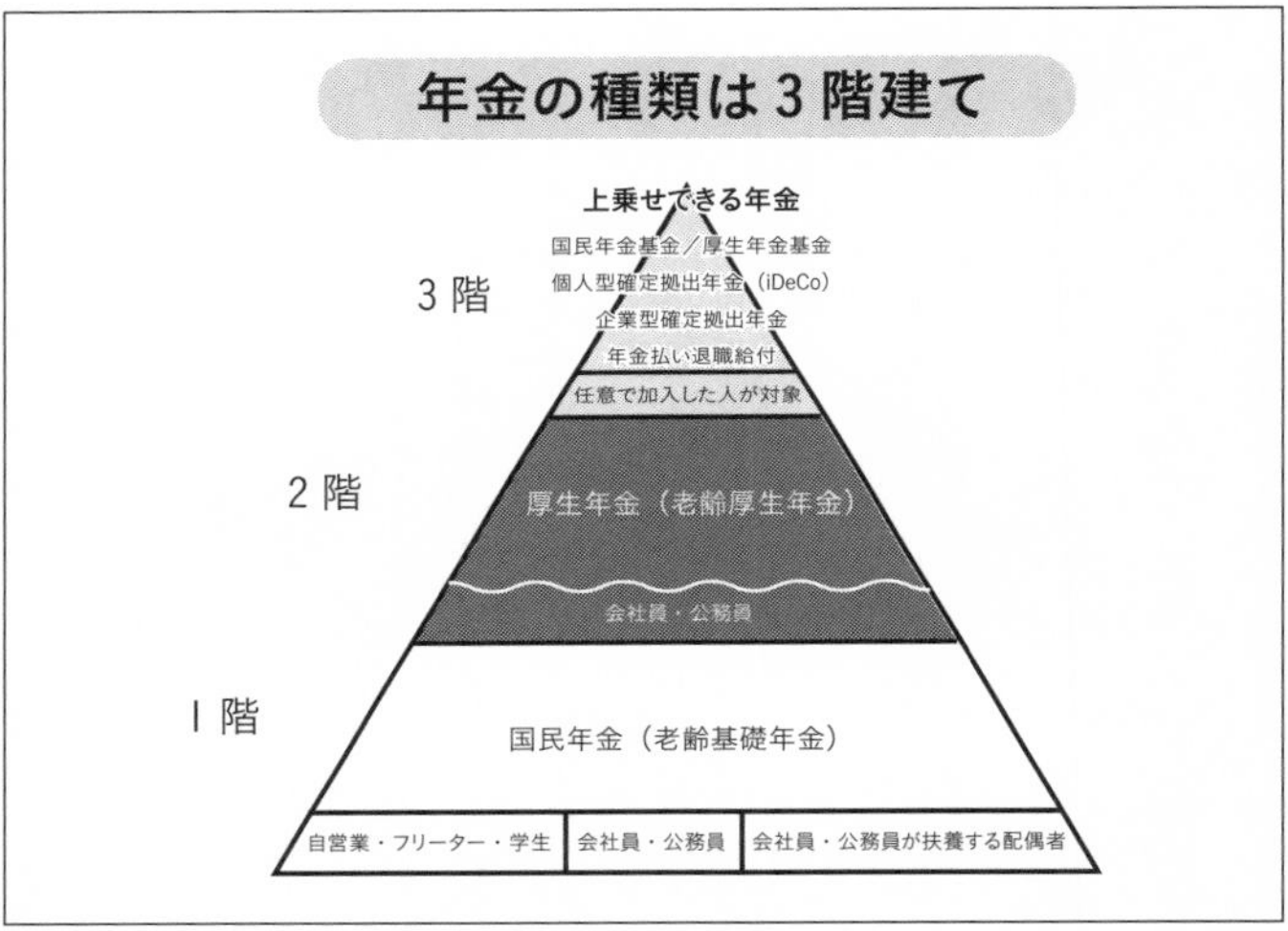

・国民年金と厚生年金、厚生年金基金とｉＤｅＣｏに加入していた会社員の場合、老齢基礎年金＋老齢厚生年金＋厚生年金基金分＋ｉＤｅＣｏ分

上の図のように、日本の年金制度は「３階建て」の構造になっているのです。

ですから、40代で会社を辞めて独立し、自営業者になった場合、加入している年金制度が国民年金＋厚生年金から国民年金のみに変わるので、受け取れる年金額も変化します。

また、転職して一気に年収が上がったというケースでも、受け取れる年金額は変わります。加入している年金制度は国民年金＋厚生年金で変わりませんが、基礎厚生年金の支給額は生涯の平均年収によって算出されるからです。

ですから、働き盛りである現時点であなたの正確な年金額をはじき出すのは難しいと言えます。ただ、現在加入している年金制度のまま、年収などの条件が大きく変わらずに継続する前提での試算であれば、日本年金機構が運営するサイト「ねんきんネット」で取得することができます。

「ねんきんネット」への登録は、「ねんきん定期便」に書かれているアクセスキーや基礎年金番号で行うことができますので、活用してみてください。

あなたが受け取れる年金の額はいくらになる？

老齢基礎年金を満額受け取れるのは、20歳から60歳までの40年間（４８０ヶ月）、ひと月も欠かさずに国民年金保険料を納めた人だけです。

この場合の老齢基礎年金額は月額約6万5000円。年額にして、78万1００円です。一方、老齢基礎年金を受け取る権利の最低基準である10年（120ヶ月）納付した人の場合、月額1万6000円で、年額19万2000円となります。

老齢基礎年金（国民年金）の支給額は次の計算式を使って、自分で計算することが可能です。

・78万100円×保険料納付月数／480＝○○円

たとえば、今、40歳で20歳から20年間、きっちりと国民年金保険料を納付してきた自営業者のAさんがいるとしましょう。Aさんの40歳時点で確定している老齢基礎年金（国民年金）は下記の金額になります。

・78万100円 × 保険料納付月数（12ヶ月×20年）÷480＝39万50円

現時点で確定している1ヶ月の受給額（÷12）は、約3万2500円です（途中、保険料免除などを受けた場合はこの計算とは異なってきます）。

¥ 厚生年金は平均年収によって受給額が変動する

一方、厚生年金（共済年金）については、もう少し複雑な計算式が必要となります。

・あなたの平均年収○○円×厚生年金（共済年金）の加入年数×0・005481＝○○円

たとえば、今、40歳で22歳のときに就職し、18年間厚生年金に加入。国民年金の国民年金保険料は20歳から20年しっかり納付してきたBさんがいるとします。

このBさんの18年間の平均年収が350万円だった場合、40歳時点で確定している老齢厚生年金（老齢共済年金）は次の金額になります。

・350万円×18年×0.005481＝34万5303円

会社員や公務員の場合、ここに老齢基礎年金（国民年金）が加わります。そこで、Bさんの20年分の国民年金について計算。老齢厚生年金と老齢基礎年金を足し算します。

・老齢基礎年金78万100円×保険料納付月数（12ヶ月×20年）÷480＝39万50円
・老齢厚生年金34万5303円＋老齢基礎年金39万50円＝73万5353円

年額で73万5353円。これがBさんの40歳時点で確定している年金額。これを月額にすると、6万1279円となります。

年金制度は現役時代に起きる不測の事態もカバーしてくれる

年金を納めるのは日本国内に住む20歳以上、60歳未満の人の義務です。ところが、厚生労働省の調査によると、平成29年度の国民年金保険料の納付率は66・3%。じつに3割の人が払っていない現状が見えてきます。

もし、貯蓄があれば大丈夫と捉えてしまうなら、その発想は年金制度への理解が不足しています。国民年金の役割には65歳から受け取れる「老齢基礎年金」のほかに、65歳未満であっても障害者になったときに受給できる「障害基礎年金」、加入者が死亡したときに遺族が受け取る「遺族基礎年金」があります。

いずれも、いざというときに本人や家族を支えてくれる重要なセーフティネットとなるわけですが、国民年金保険料を納めていなければ受け取ることができません。

支払われる条件は、国民年金に25年以上加入して、保険料を納付しているか、初診日の前々日までの1年間に保険料の未納がないこと。保険料を納めていないと、せっかくの障害年金、遺族年金が出ません。

もし、家計が苦しくてどうしても納付が難しい状況になってしまったら、年金事務所や役所の窓口で「免除」の手続きができないか相談してみましょう。免除が認められれば、支払えなかった月も未納扱いにはならないので障害年金、遺族年金を受け取る権利が残ります。

また、厚生年金には病気や怪我で、4日以上仕事を休むと支給される「傷病手当」が出ます。仕事上の病気や怪我は労災から出ますが、傷病手当は仕事以外のものも対象です。休業4日目から最長1年半、月収の約3分の2の手当が支払われます。

障害、死亡、傷病。民間の保険でここまで幅広く手厚い保障を受けようとすれば、保険料はかなりの高額になります。それを安い掛け金でカバーできるという点で、日本の年金制度は加入して損のない仕組みなのです。

年金、いつから受け取る？

年金は受給年齢になったら自動的にあなたの口座に振り込まれるわけではありません。30代、40代のうちは知らないまま過ごしている人も少なくないですが、自分で受給請求をしない限り、もらえない仕組みになっています。

大事な請求の仕方ですが、年金がもらえる年齢になる誕生日の3ヶ月ほど前になると、日本年金機構から通知が届きます。誕生日がすぎ、受給年齢になったら、その通知の指示にしたがって必要書類を揃え、年金事務所や年金相談センターの窓口に提出しましょう。

すると、年金は2ヶ月ごとに、2ヶ月分がまとめて振り込まれます。ちなみに、最初の年金が振り込まれるまでには、書類を提出してから3ヶ月程度かかります。

現在、国民年金、厚生年金ともに年金の受給開始年齢は原則65歳からです。

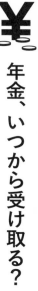

ただし、それよりも早い年齢から年金を受け取ることができる「繰り上げ受給」、逆に受給時期を遅らせる「繰り下げ受給」という仕組みがあります。

定年後の収入に不安があれば60歳からもらうこともできますし、生活費に困らないのなら70歳までもらわないということもできるわけです。

ただし、繰り上げた場合、1ヶ月早めるごとに年金額が0・5％減る計算になります。仮に60歳0ヶ月から受給する場合、0・5％×60ヶ月（5年）で30％減少。65歳から受給を開始した場合の受給金額の70％の水準となります。ここで重要なのは、60歳0ヶ月から受給する「繰り上げ受給」を申請した場合、本来の3割減となる年金額が一生続くことです。

逆に「繰り下げ受給」の場合は、1ヶ月遅らせるごとに年金額が0・7％増える計算になります。最長の70歳まで繰り下げた場合、0・7％×60ヶ月（5年）で、65歳受給開始の受給額の142％（1・42倍）の水準となるわけです。

もちろん、「繰り下げ受給」に変更した後の受給水準が一生続きます。そして、2020年の年金改正では75歳まで繰り下げ可能になる見込みです。

以上、年金の受給に関して押さえておきたい基本的なポイントは3つです。

- 年金は受給請求をしない限り、もらえない
- 受給開始は60～70歳の間で、好きな年齢を選べる
- 受給額は、年金をもらい始める時期によって原則支給の開始年齢65歳時点の受給金額

と比べ、70％から142％と約2倍も開きが生じる

受給時期を早めるか遅らせるか。おトクな年金の受け取り方はどっち？

「繰り上げ」と「繰り下げ」の受給の仕組みを理解して、「自分が年金受給年齢になったらどうするかな？」と想像すると、多くの人が「繰り下げ受給をしたほうがいい」と考えるのではないでしょうか。

ところが、実際の制度の利用状況は異なります。現状では、繰り下げ受給の利用率は1・3％ほど（年金制度基礎調査・平成29年）。逆に繰り上げ受給は12％ほどで、利用した理由としては「生活の足しにしたい」「早くもらう方が得だと思った」といった意見が上位にきています。

ちなみに、60歳から繰り上げて年金をもらった人は、65歳で受給を始めた人に、受け取った年金額の総額を76歳時点で追い越されます。同じく、61歳なら77歳、62歳なら78歳、63

歳なら79歳、64歳なら80歳でもらえる年金額が追い抜かれる計算です。

これはあくまで仮定の話ですが、自分が80歳まで生きないと思うなら、65歳よりも前に繰り上げ受給した方がおトクな年金の受け取り方だと言えます。

逆に長生きすると思うなら、繰り下げ受給が圧倒的におトクです。

たとえば、受給開始を70歳まで繰り下げた場合、82歳まで生きれば65歳で受給を開始した人の受給総額に追いつきます。その後は亡くなるまで原則支給額よりも42％増の年金を受け取り続けることができるわけです。

142％という数字は利回りに換算すると、年率8・4％。これだけの高金利かつ、ローリスクな金融商品は他にありません。82歳以降、高利回りの年金を一生受け取れると考えれば、繰り下げ受給と長生きの組み合わせは「滅多にないローリスク・ハイリターンな運用」と言えるかもしれません。

年金でトクをしたいのなら、できるだけ年金受給開始年齢を遅くしましょう。そして、健康を維持して、目いっぱい長生きすることです。それを実現するためには、繰り下げ期間中、生活費に困らないだけの蓄えを用意する必要があります。つまり、「ショー・ロー・トー」の考え方で家計を強くしておくことが、ここでも重要になってくるのです。

退職金の有無から必要な老後資金を把握する

「退職金があるのか、ないのかわからない」
「退職金がいくらくらい見込めるのかわからない」

あなたはそんな状態に陥ってはいませんか？

じつは50代の方から老後に向けた家計相談に乗るとき、最初に退職金について質問しています。なぜなら、退職金に関する知識がしっかりしているかどうかが、リアリティを持って老後の家計を考えているかどうかを反映しているからです。

そもそも一般的に「退職金」と呼ばれているものには、2種類あります。

・一度にまとめた金額を受け取る「退職一時金制度」
・分割して受け取る「退職年金制度」

企業によっては、両方の制度が用意されていて、退職一時金を受け取った上で退職年金も支給されるという恵まれた会社もあります。

では、世の会社員の皆さんはどのくらいの額の退職金を受け取っているのでしょうか。

まず、会社によって退職金制度そのものがないケースがあります。

1000人を超える大きな企業では92%が退職金制度を導入していますが、30人～100人未満の企業では制度そのものをなくす方向に推移しており、導入しているのは78%弱。日本の会社全体でみると80・5%の企業で退職金の支給実績があります。

いくらくらい支払われるかについて、2つの資料を紹介しましょう。

1つ目は2018年の「就労条件総合調査結果の概況」。こちらによると、勤続年数35年以上の定年退職者で、退職一時金制度と退職年金制度を併用できるケースの場合、平均退職金給付額は大卒・大学院卒（管理・事務・技術職）で2493万円、高卒（管理・事務・技術職）で2474万円、高卒（現業職）は1962万円です。

2つ目は中小企業の現状です。

東京都の中小企業について調査した2018年「中小企業の賃金・退職金事情（東京都産業労働局）」によると、退職一時金と退職年金制度を併用できる定年退職者のモデル退職金は大卒1690万円、高卒1502万円。ここで言うモデル退職金とは、学校を卒業してすぐに入社した人が平均的な能力と成績で勤務した場合、どの程度の退職金が支給されるかを算出したものです。

どちらの資料の退職金の金額からも「意外ともらえる」という印象を受けたかもしれません。もちろん、1000万円、2000万円は大金ですが、20年前に比べると退職金の支払い額は1000万円近くダウンしています。

また、今後は不景気による業績悪化、低金利、人口減、終身雇用制度の変化などから退職金制度を維持できなくなる企業が増えていくことでしょう。

あなたの勤めている会社の退職金制度はどうなっている?

そんな中、あなたの働く会社に退職金制度がある前提で老後の暮らしを考える場合、必ず確かめておきたいのが受け取れる退職金のおよその額です。

退職金は定年後の労働による賃金や年金と合わせて、老後資金の大きな柱の一つになります。おおよその退職金額を知らなければ、老後の生活設計が十分にできません。

自分の会社の退職金制度はどういったものか。自分がどれくらいもらえるのか。それを知っていると、今後の資産形成や定年後の働き方を考えやすくなります。

勤めている会社の総務や人事に「退職金制度の有無」「退職金の計算の仕方」「これまでの支給実績」などを問い合わせることで、あなたが手にすることのできる退職金の推定金額がわかります。

この推定金額と受け取れるであろう年金の額、現在の貯蓄額から予想できる定年退職時の貯蓄額を組み合わせることで基盤となる老後資金を算出可能です。

また、あなたの勤めている会社に退職金制度がなくても必要以上に不安を感じることはありません。

労働者全体で見れば、男性の21・2%、女性の55・3%がパートタイマー、アルバイト、契約社員、派遣社員などで働く非正規社員。フリーランスで働く自由業の人も退職金とは無縁です。

退職金はもらえればラッキー。もらえなくても、老後の家計についてきちんと備えていけば大丈夫です。

定年退職後も仕事を続ける

定年を60歳から65歳に移行する企業が増えてきました。

これは国が「高年齢者雇用安定法」という法律を定めたことと関係しています。この法律ができたことで、国は企業に65歳までの安定した雇用を確保するため、「定年制の廃止」や「定年の引上げ」、「継続雇用制度の導入」のいずれかの措置を求めています。

とはいえ、今も60歳定年の企業が多いのが現実です。

年金の受給開始年齢は65歳。60歳で定年退職し、働くのを辞めてしまうと65歳までの5年間、収入に空白が生じます。もちろん、繰り上げ受給で年金を受け取ることもできますが、年金額が減ってしまうので、できれば避けたいところです。

そこで、家計のコンサルティングを行う私は、定年退職後も65歳までフルタイムで働き、元気なら70歳を越えても週に2、3日は働いて稼ぎ、生活費の一部を作り出すことをお勧めしています。

というのも、老後資金の経済的な問題をクリアするにも次の3つの対策しかないからです。

①収入を増やす
②支出を減らす
③資産を運用する

②と③については、年齢やライフステージが変わっても3章と4章で詳しく解説してきた方法がそのまま使えます。逆に定年後こそ、効果を発揮するのが①の「収入を増やす」という対策です。

企業側が変化したことで、定年退職後も65歳までフルタイムで働くという選択肢は増えています。ただ、65歳まで安心して働ける「定年の引上げ」や「定年制の廃止」を導入している企業は、全体の2割ほど。残りの多くの企業が導入しているのは、「継続雇用制度」です。

あなたの働く会社の状況は、「就業規則」を見ることで把握できます。

定年に関する項目を探すと、65歳定年の企業であれば、「従業員の定年は満65歳とし、65

歳に達した年度の末日をもって退職とする」ということが書かれています。

そして、継続雇用制度を取り入れている場合は「従業員の定年は満60歳とし、60歳に達した年度の末日をもって退職とする。ただし、本人が希望し、解雇事由又は退職事由に該当しない者については65歳まで継続雇用する」と書かれているはずです。

継続雇用制度での定年は従来どおり、「60歳」。それ以降、新たに雇用契約を結び直す形で65歳までフルタイムで働ける場を用意しているのです。

ここで注意したいのが、定年以降の新たな雇用契約。一度、定年するので、積み上げてきたキャリアも一旦、白紙に戻ります。つまり、今までの役職や身分、給料、働き方ではなくなるわけです。これまでよりも安い給料で、慣れない分野の仕事に就く可能性もあります。

それでも定年を前にした会社員の多くが「雇用延長」または「再雇用」を希望します。その結果、給料が元の水準の半分程度まで減る人もめずらしくありません。とはいえ、60歳から転職先を探して、完全に新しい環境に挑むよりも、安心感がある働き方だと言えるでしょう。

定年退職後も働けるうちは働くというスタンスで

一方、60歳で定年退職後、新しい職場を探し、正社員、契約社員などという形で再就職するケース、アルバイトやパートとして働くケースも増えています。

アルバイトやパートで働くことのメリットは、時間の融通が利くところです。自由時間を持ちたい。昔から興味のあったことを体験したいといった理由から、アルバイトやパートを選択し、収入を補いながら生活を楽しんでいる人も増えています。

いずれにしろ、60歳をすぎても働けるというのは、老後の生活費を稼ぎ出す場所がある安心感に加え、社会に参加している自分を実感できるメリットも得られます。

部長、課長と呼ばれなくても、仕事仲間と業務に向き合い、雑談を交わすことは生きがいの1つになるはずです。

老後資金の面から言っても、70代で週に2、3日働き、月に5、6万円の収入を得られれば、年金と合わせて十分な生活費を捻出することができます。体調や体力に合わせながら、働けるうちは働くというスタンスで臨みましょう。

現役世代のうちに副業を開始する

「老後2000万円問題」はそもそも金融庁の金融審議会による「高齢社会における資産形成・管理」という報告書から始まりました。

この報告書は人生100年時代に伴って預貯金などの経済的な蓄えである「資産寿命」も延ばす必要があると指摘したもの。ここでクローズアップされたのが、家計のマイナス5・5万円という数字です。

会社員生活を全うし、定年退職した夫が65歳以上、専業主婦の妻が60歳以上の無職の夫婦を題材に試算が行われています。

夫婦が受け取る年金などの収入に対して、総務省の家計調査から導いた生活費を差し引いたところ、毎月5・5万円の不足（赤字）が発生。老後の暮らしが20年、30年と続くと想定すると、1320万円から1980万円の資産が必要になるというわけです。

正直、この報告書を見たとき、私も含め、お金の専門家はすんなり納得しました。年金だけでは生活は成り立たず、貯蓄は不可欠。むしろ、試算のモデルケースとなっているご夫婦は恵まれている方で、今の現役世代の年金生活はより厳しい状況となっていくと予想しています。

だからこそ、家計のコントロール力を高め、無駄な支出を減らしながら、お金を貯め、ローリスク・ローリターンのコツコツ運用で老後資金を蓄えていく方法をお伝えしてきたわけです。

実際、今の30代半ば世代が定年退職を迎え、老後の暮らしに入ったとき、収入不足から家計マイナスが生じるのは確実です。その額が5万円なのか、もう少し多くなるのかは、出て行く生活費ともらえる年金額によって変わってきます。

しかし、いずれにしろ年金だけでは足りません。

今のうちから考えておきたいのは、「家計のマイナス分をどう補うか」です。

金融庁の報告書のように預貯金などの経済的な蓄えによって毎月のマイナスを補うと仮定すると、どうしても2000万円近い貯蓄が必要で、それだけあっても長生きリスクと向き合いながら節約生活を送ることになるでしょう。

でも、ちょっとした発想の転換をするだけで、家計のマイナス分をそれほど恐れなくてもいいことに気づきます。

その発想の転換とは、65歳以降も仕事をし、稼ぐことです。

50代のうちに「収入を増やす」準備を始める

想像してみてください。

あなたが65歳になったとき、30代後半から始めた貯金とコツコツ投資によって２０００万円の資産を作り、老後を迎えられたとしましょう。もし、そこに退職金が加わるようなキャリアを歩めたのなら、それは非常にラッキーです。

ともかく金融庁の報告書のように預貯金などの経済的な蓄えを取り崩すことで老後の暮らしが成り立つ状況ができていたとしましょう。

それでも年金だけでは確実に家計にマイナスが生じます。そのマイナス分の何%かを働いて稼ぐことで補っていくのです。

現役時代のように毎月20万円、30万円、40万円と稼ぐ必要はありません。家計のマイナス分をカバーする意味での稼ぎ、具体的には数万円を家計にもたらせば十分です。

たとえば、マイナス5万円のうち、3万円を稼ぎで補い、2万円を預貯金から補塡。年収にすれば36万円ですが、これを65歳から10年間実現すれば老後の暮らしは格段に豊かなものになっていくはずです。

また、私もそうですが、働くのが性に合っている人は多いはず。人間関係のストレスに耐えながら、バリバリ働くわけではなく、自分のリズムに合った形で仕事をしていけば、体のためにも頭のためにもいいですし、社会に参加している感覚は何物にも代えがたい価値があります。

そこで、「定年退職の年齢が見えてくる50代のうちに「収入を増やす」準備を始めましょう。働き方改革が進む中で、副業を公に認める会社が増えています。単純に休みの日や就業時間外にアルバイトやパートをしてみるというのもいいですし、自分の特技や趣味を収入につなげる道を探るのもありです。

家計相談に乗っているお客様の例を挙げると、サイクリングが趣味で自転車のメカニズムにも詳しい50代の会社員の方がネット上にオンラインショップを開設。自転車の部品の販売や取り付け、修理などのメンテナンスの仕事を始めています。

また、電機メーカーにお勤めの50代の方がパソコン関連の知識を駆使して、最新機種ではないパソコンの修理や関連機器の接続のアドバイスなど、ニッチな分野のプロとして副業を成立させています。

他にも写真が趣味だった方が撮影教室を開き、長く会計部門で働かれてきた方が若いフリーランスや小さなベンチャー企業の会計業務のアドバイスを行う仕事もされているケースもあります。

こうした方々の副業での稼ぎは月に数万円ほど。額としては多くありませんが、定年後の暮らしを支えるサイドワークとしては十分です。

副業には年齢制限がなく、何歳になっても稼ぐことができる

現役時代から軸足は本業に置きつつも、「定年後は何をしたいのか」「自分には何ができ

るのか」と考えていくと、今、自分は何をするべきかが見えてくるでしょう。

会社員として働きながら、ダブルインカムを体感すること。フリーランスとして仕事をしながら、取引先や業務分野を広げ、収入源を分散していくこと。こうした経験は定年後に稼げる人になる上で必ずプラスになります。

また、アルバイトやパートなど、誰かに雇われる形での働き方に比べて、自分の特技や趣味、これまでの仕事の延長線上にある副業には年齢制限がありません。70代になっても80代になっても、元気で人の役に立てる能力を発揮できれば、それが収入に結びつくのです。

定年後は〝変化〟が求められます。

すぐに自分を変えることは難しいですが、50代から老後生活に向けて、現実を理解して、対応を考えておくことで、変化への対応がしやすくなるはずです。

おわりに

この書籍を手がけている今、まさに新型コロナウイルスによる外出自粛、営業自粛で、経済が大打撃を受けています。休業、失業による収入減は私たちの暮らしに大きな影響を及ぼし、連日ニュースで国の補償、給付金の話題がつきません。

企業も生き残りをかけ必死です。ですが、新型コロナウイルスの影響が長期化するにつれ、徐々に体力をなくしてきていることも事実です。

この先、日本の経済はどうなるのか、私たちの働き方、暮らし方はどうなるのかと不安は尽きません。国は国で頑張っているのでしょうが、国の補償が十分ではない今、私たちは個人の自己防衛として、今後の生活を含め自己責任で身を守らなくてはいけません。

そのためマクロではなくミクロな経済、つまり個人でとらえた「家計の収支」や「投資」の面で、強く資産を構築していく必要があります。つまり「医療と経済の両輪」を大切にしていくのです。

家計状況が大きく変わってしまったという人は、今ある貯金をできるだけ減らさないように、支出を小さくすることが大切。ただ、ストレスも多い時期なので、メリハリをつけた支出管理が必要です。また、多少ゆとりがあれば、少しでも貯金に回すこと。貯金をする習慣をしっかり作りましょう。

今回のような事態は、原因がなんであれ、長い人生の中で何度か経験することでしょう。その時にお金がなくて困った、収入がなくて暮らせないということにならないよう、自己責任で生活を維持できる蓄えを作ること。お金を貯める習慣を作ることが何より大切です。過去から学び、これからに活かすのです。

また、私がお勧めしている手法である、毎月定額を積み立て投資信託を購入されている皆さんには、株価が下がっているときほど売却せず、しっかりと保有しておいてほしいとお伝えしています。経験したことがない状況になると、不安がふくらみます。ですが、経済は一時的に大きく低迷しても、ずっとこのままということはあり得ません。時間は必要ですが、時が経つにつれ状況は変わるのです。

つまり、戻り、回復していくものだと私は確信しています。たとえば、リーマンショックの時のことを調べてみてください。株価はがくんと下がりましたが、4年ほどの時間をかけて回復していきました。その後も、どんどんと株価は上昇したわけです。投資はすぐに使わないお金で取り組みましょうというのは、こういうところからもきているのです。

37歳、人生はまだまだ長いです。生活防衛のことも考え、老後のことも考えてお金を準備することは気が遠くなると感じるかもしれません。

ですが、少しずつでも今取り組めば、それは将来の豊かな暮らしにつながります。楽しみにもお金を使いながら、しっかり貯める。そんなメリハリのあるお金との付き合い方を、本書で見つけていただけたら嬉しく思います。

横山　光昭

この本に書かれている情報は2020年5月現在のものです

〈著者紹介〉

横山光昭（よこやま・みつあき）

家計再生コンサルタント。株式会社マイエフピー代表。お金の使い方そのものを改善する独自の家計開発プログラムで、家計の問題の抜本的解決、確実な再生をめざし、個別の相談・指導で高い評価を得ている。これまでの相談件数は23,000件を突破。各種メディアへの執筆・講演も多数。著書に65万部を超える『はじめての人のための3000円投資生活』や『年収200万円からの貯金生活宣言』など。著作は123冊、累計330万部を突破（2020年5月現在）。オンラインサロン「横山光昭のFPコンサル研究所」を主宰。

執筆協力：佐口賢作

37歳独身《さいどくしん》、年収《ねんしゅう》300万円《まんえん》
知《し》っておきたいお金《かね》のこと

印　刷　2020年6月20日
発　行　2020年6月30日

著　者　横山光昭《よこやまみつあき》

発行人　黒川昭良
発行所　毎日新聞出版
〒102-0074
東京都千代田区九段南1-6-17 千代田会館5階
営業本部：03（6265）6941
図書第二編集部：03（6265）6746

印刷・製本　中央精版印刷

ISBN978-4-620-32635-1